Die Rechtsgültigkeit der Google-AGB
beim Android-App-Kauf
im Google Play Store durch
in Deutschland lebende Verbraucher

I0482847

2. Auflage

Markus Fatalin

Abstract

Der Google Play Store ist der wichtigste Marktplatz für Android-Software im Internet. Über ihn beziehen Millionen Anwender Ihre Apps für Smartphones und Tablet-PCs.

Die Benutzung von des Google Play Store erfordert die Zustimmung zu Google's AGB. Dabei sind die „Google Nutzungsbedingungen", mit Ihren 5 übersichtlichen Seiten, tatsächlich nur die übergeordnete Instanz einer verschachtelten AGB-Struktur, die sich für den Kauf einer Android-App auf 50 Seiten anzuwendende AGB Vorschriften summiert.

Der vorliegende Beitrag untersucht die Rechtsgültigkeit dieser AGB Vertragsklauseln in Bezug auf die AGB Kontrolle der §§305-310 BGB.

Dabei zeigt diese Arbeit auch, wie die Prüfung umfangreicher Allgemeiner Geschäftsbedingungen im Rahmen umfangsbegrenzter studentischer Seminararbeiten möglich ist.

Die Rechtsgültigkeit der Google-AGB beim Android-App-Kauf im Google Play Store durch in Deutschland lebende Verbraucher
2. Auflage
© 2016 Troisdorf, Markus Fatalin
ISDN 978-1499688009

Über den Autor

Markus Fatalin arbeitet seit über 30 Jahren in der IT-Industrie. Nach einer beinah 13 jährigen Tätigkeit als Software-Entwickler, leitete er über 15 Jahre den Vertrieb internationaler Software-Hersteller und Distributoren.

Seit 2016 ist er als Wirtschaftsjurist im Bereich Service Contracts & Compliance eines mittelständigen deutschen Systemhauses tätig.

Dieser Beitrag entstand im zwischen September 2013 und Februar 2014 im Rahmen einer mit „sehr-gut" bewerteten Seminararbeit während des wirtschaftsrechtlichen Studiums des Autors.

Anfrage an den Autor senden Sie bitte an: text@fatalin.com

Inhaltsverzeichnis   Seite

VIII

Abkürzungsverzeichnis

In dieser Arbeit werden die folgenden Abkürzungen
verwendet

Abkürzung	Vollständiger Ausdruck
AG	Amtsgericht
AGB	Allgemeine Geschäftsbedingungen
AktG	Aktiengesetz
Alt.	Alternative
BAG	Bundesarbeitsgericht
BGB	Bürgerliches Gesetzbuch
BGH	Bundesgerichtshof
BDSG	Bundesdatenschutzgesetz
bzgl.	Bezüglich
DMCA	Digital Millennium Copyright Act
ebd.	ebenda
EG-Nr	Entscheidungsgrund Nummer
etc.	et cetera
EuGH	Europäischer Gerichtshof
EuGVVO	Europäische Union - Verordnung über die gerichtliche Zuständigkeit und die Anerkennung und Vollstreckung von Entscheidungen in Zivil- und Handelssachen (Nr. 44/2001 des Rates vom 22.12.2000).

X

ggf.	gegebenenfalls
Google-AGB	Bezeichnet kollektiv alle in dieser Seminararbeit besprochenen Nutzungsbedingungen und Datenschutzbestimmungen von Google. Dies sind im Einzelnen:

- Google Nutzungsbedingungen
- Google Play-Nutzungsbedingungen
- Google Play - Geschäfts- und Programmrichtlinien
- Google Wallet Nutzungsbedingungen – Käufer (Deutschland)
- Datenschutzerklärung
- Datenschutzhinweise für Google Wallet

GPL	Google Payment Limited
GWB	Gesetz gegen Wettbewerbsbeschränkungen
i.d.R.	in der Regel
i.S.d.	im Sinne des
i.V.m.	in Verbindung mit
LG	Landgericht
o.a.	oder andere
OLG	Oberlandesgericht

S.	Satz
sg.	so genannte
TMG	Telemediengesetz
UWG	Gesetz gegen den unlauteren Wettbewerb
u. U.	unter Umständen
vgl.	Vergleiche
z. B.	zum Beispiel

Im Übrigen wird hinsichtlich der Abkürzungen auf das Werk von Kirchner, Abkürzungsverzeichnis der Rechtssprache, verwiesen.

Einleitung

Die Anzahl der Smartphone-Benutzer steigt kontinuierlich an[1]. Die überwiegende Zahl dieser Smartphones verwendet aktuell das von der Google Inc. hergestellt Betriebssystem Android, dessen Anteil am globalen Smartphone-Markt im 2. Quartal 2013 bereits 79%[2] betrug.

Ein Bestandteile von Android ist der Zugang zum Google Dienst *Google Play*. Google Play ist ein Marktplatz, den Google im Internet betreibt. Über Google Play können Kunden Medieninhalte wie Bücher, Videos, Musik und Android-Apps erwerben. Als „Apps" werden Computer Programme (Software) bezeichnet, die speziell für die Verwendung auf modernen Mobiltelefonen, sogenannten Smartphones, vorgesehen sind. „Android-Apps" sind Apps, die für Smartphones bestimmt sind, die mit dem Betriebssystems Android betrieben werden.

Aufgrund der sicherheitstechnischen Konzeption des Android Betriebssystems können nur solche Android-Apps ohne Änderung der Smartphone-Sicherheitseinstellungen installiert werden, die über Google Play bezogen wurden. Diese privilegierte Stellung von Google Play sichert Google einen konkreten Wettbewerbsvorteil. Dadurch erhalten die Google-AGB, die beim Kauf einer Android-App über

---

1 http://de.statista.com/statistik/daten/studie/198959/umfrage/anzahl-der-smartphonenutzer-in-deutschland-seit-2010/.
2 http://www.gartner.com/newsroom/id/2573415 .

Google Play Anwendung finden, besondere Bedeutung.

Google bietet neben Google Play weiterer Dienste und Produkte an. Zur Vereinfachung seiner bis dahin über 70 AGBs[3], wurden zum 1. März 2012 neue AGB veröffentlicht.

Für Verbraucher, die in Deutschland eine Android App über Google Play erwerben, finden seither nur noch die von der Google Inc. gestellten Google Nutzungsbedingungen, die Bestimmungen für Google Play, die Google Play - Geschäfts- und Programmrichtlinien, die Google Datenschutzbestimmungen, sowie die von der von Google Payments Ltd., einer Tochtergesellschaft der Google International LLC, gestellten Bedingungen für Google Wallet und dessen ergänzende Datenschutzbestimmungen Anwendung.

Darüber hinaus wird für durch Kunden begangene Urheberrechtsverstöße das „Notice and take down"-Verfahren des amerikanischen Urheberrechtsgesetzes „Digital Millennium Copyright Act" verwendet.

Zur sprachlichen Vereinfachung bezeichnet der Begriff „Google-AGB" in dieser Seminararbeit kollektiv alle von Google gestellten AGB, die beim Kauf einer Android-App

---

3 http://googleblog.blogspot.de/2012/01/updating-our-privacy-policies-and-terms.html .

über Google Play durch einen in Deutschland lebenden Verbraucher, Anwendung finden.

Dies sind im Einzelnen:

1. Google Nutzungsbedingungen
2. Google Play-Nutzungsbedingungen
3. Google Play - Geschäfts- und Programmrichtlinien
4. Google Wallet Nutzungsbedingungen – Käufer
5. Google Datenschutzerklärung
6. Datenschutzhinweise für Google Wallet.

Die Wertung von Datenschutzbestimmungen als AGB wird durch Rechtssprechung regelmäßig bestätigt[4]. Auch sie unterliegen der Inhaltskontrolle der §§307-309 BGB[5].

Abbildung 1 in Anlage 7 veranschaulicht den Aufbau der Google-AGB, die für den Verkauf von Apps über Google Play in Deutschland Anwendung finden. Abbildung 2 in Anlage 8 zeigt, zu welchem Zeitpunkt, welche Komponente der Google-AGB angewendet wird.

Die *Google Nutzungsbedingungen* bilden die Basis der Google-AGB. Sie werden zwischen Google und dem jeweiligen Vertragspartner geschlossen. In ihnen definiert Google vor allem abstrakt die Nutzungsbedingungen von Google „Diensten", den verschiedenen Angeboten von Google und weist darauf hin, dass für einzelne Angebote unter

---

[4] vgl. *LG Berlin*, Urteil vom 19. November 2013, 15 O 402/12, Klagepunkt B.
[5] vgl. edb. und *LG Berlin*, Urteil vom 30. April 2013, 15 O 92/12.

4

Umständen auch zusätzliche Nutzungsbedingen gelten.
Darüber hinaus werden Regeln für Inhalte, Software,
urheberrechtliche Bestimmungen sowie Gewährleistungs-
und Haftungsbedingungen in den Google Diensten
dargelegt und die eventuelle Notwendigkeit der Einrichtung
eines Benutzerkontos („Google Konto") aufgeführt.

Diese Seminararbeit prüft die Vereinbarkeit der Google-
AGB mit den §§ 305-310 BGB, für den Kauf einer
Android-App durch einen in Deutschland lebenden
Verbraucher. Andere Szenarien bleiben unberücksichtigt.
Am 19. November 2013 hat das LG Berlin in erster Instanz
22 Klauseln der Google-AGB für unwirksam erklärt[6]
(Auflistung in Anlage 10). Diese Klauseln werden in dieser
Seminararbeit nicht weiter geprüft.

Die formellen Vorgaben zum Umfang dieser Arbeit und der
Umfang des Prüfungsobjekts (50 Seiten) zwingen den
Autor, die gewünschte wissenschaftliche Tiefe, der
notwendigen Vollständigkeit der Untersuchung
unterzuordnen. Dabei wird nur die jeweils erste nach §§309,
308, 307 BGB unwirksame Vertragsklausel umfangreich
geprüft.

---

[6] *LG Berlin*, Urteil vom 19. November 2013, 15 O 402/12.

Prüfung der Rechtsgültigkeit der Google-AGB beim Android-App-Kauf im Google Play Store durch in Deutschland lebende Verbraucher

Das Vertragsrecht des BGB enthält, insbesondere im Schuldrecht, in erheblichem Maße dispositives Recht. In diesem Bereich können die Parteien ihre Vertragsbeziehungen abweichend vom Gesetz regeln. Dies geschieht im großen Umfang durch AGB.[7]

Aufgrund der Bedeutung von AGB im Geschäftsverkehr und zum Schutz der Vertragsparteien des Verwenders[8], widmet sich der Abschnitt 2 des 2. Buchs des BGB (§§305 – 310 BGB) ausschließlich der Gestaltung rechtsgeschäftlicher Schuldverhältnisse durch AGB.

1. Handelt es sich um AGB (§305 Abs. 1 BGB)?

Bei den Google-AGB handelt es sich um AGB im Sinne des §305 Abs. 1 BGB, da alle Komponenten der Google-AGB aus vorformulierten Vertragsbedingungen bestehen, die für eine Vielzahl von Verträgen vorgesehen sind, einseitig vom Verwender gestellt werden und darüber hinaus individuelle Vertragsabsprachen vom Verwender nicht zugelassen sind.

---

[7] *Jauernig*, §305 RN 1.
[8] Durch Umsetzung der Richtlinie 93/123/EWG des Rates der Europäischen Gemeinschaften.

6

2. Anwendungsbereich der AGB-Vorschriften (§310 Abs. 1, 4 BGB)

Bei dem Kauf einer Android-App im Play Store durch einen Verbraucher handelt es sich um einen Kaufvertrag i.S.d. §433 BGB[9]. Dieser unterliegt nicht den Vorschriften §310 Abs. 4 BGB. Darüber hinaus bestimmt die Regelung des §310 Abs. 1 BGB, dass die §§305 Abs. 2, 3, 308, 309 BGB bei Verwendungen gegenüber Unternehmern, juristischen Personen des öffentlichen Rechts und öffentlich-rechtlichen Sondervermögen keine Anwendung finden. Verbrauchern gegenüber sind die Vorschriften der AGB-Kontrolle jedoch zu berücksichtigen[10].

Da die Google-AGB in diesem Fall nicht unter die Bestimmungen der §§310 Abs. 1, 4 BGB fallen, sind die Paragrafen 305, 305c, 306-310 BGB grundsätzlich anwendbar.

3. Sind die AGB Vertragsbestandteil geworden?

Auch wenn es sich bei den Google-AGB um Allgemeine Geschäftsbedingungen im Sinne des §305 Abs. 1 BGB handeln und ihre Anwendung nicht aufgrund §§310 Abs. 1, 4 BGB ausgeschlossen ist, werden sie nur dann Vertragsbestandteil, wenn sie gemäß §305 Abs. 2 BGB oder

---

[9] vgl. *EuGH*, Urteil vom 3. Juli 2012, Az. C-128/11, RN 40-49.
[10] vgl. *Jauernig*, §310 RN 2.

§305a BGB bei Vertragsschluss ordnungsgemäß einbezogen werden.

3.1. Ausdrücklicher Hinweis (§305 Abs. 2 Nr. 1 BGB) & Möglichkeit der zumutbaren Kenntnisnahme bei Vertragschluss (§305 Abs. 2 Nr. 2 BGB).

Bei der Eröffnung eines Google Kontos müssen die *Google Nutzungsbedingungen* durch den Anwender akzeptiert werden. Hierfür muss eine gesonderte Schaltfläche aktiviert werden (sg. clickwrapping-Methode[11]), neben der ein deutlich auf die Nutzungs- und Datenschutz-Bestimmungen hinweisenden Text angebracht ist.

Dies ist ein ausdrücklicher Hinweis auf die AGB i.S.d. §305 Abs. 2 Nr. 1 BGB[12], der auch so gestaltet ist, dass der Autor dieser Seminararbeit die Möglichkeit der zumutbaren Kenntnisnahme i.S.d. §305 Abs. 2 Nr. 2 BGB als gegeben sieht[13].

3.2. Einverständnis des Vertragspartners (§305 Abs. 2 BGB)

Der Anwender erklärt sein Einverständnis mit den Google-AGB durch aktives Klicken auf die entsprechende Schaltfläche (clickwrapping-Methode). Dadurch sollen die Anforderungen des §305 Abs. 2 Nr. 2 BGB erfüllt werden.

---

[11] *Scheuermann.* Seite 196.
[12] *Palandt*, §305 RN 38.
[13] *Palandt*, §305 RN 39.

Das AG Geldern hat jedoch, mit Verweis auf Art. 23 Abs. 2 EuGVVO, Bedenken bei der Anwendung der clickwrapping-Methode[14].

Das Gericht hält es für erforderlich, dass die AGB schriftlich oder per E-Mail an den Vertragspartner übermittelt werden müssen, um Art. 23 Abs. 2 EuGVVO zu entsprechen.

Andernfalls sind dessen Vorgaben, dass elektronische Übermittlungen nur dann der Schriftform gleichgestellt sind, wenn eine dauerhafte Aufzeichnung der Vereinbarung möglich ist, nicht erfüllt.

Für die *Google Nutzungsbedingungen* löst Google die Vorgabe der „dauerhaften Aufzeichnung" durch die Funktion „Archiv", über die frühere Versionen der *Google Nutzungsbedingungen* nach Datum abrufbar sind.

Nach Auffassung des Autors dieser Seminararbeit erfüllt die von Google implementierte „Archiv-Funktion" die Anforderungen des Art. 23 Abs. 2 EuGVVO.

Bei anderen Komponenten der Google-AGB ist eine solche Archiv-Funktion jedoch nicht vorhanden. Bei ihnen werden, der Auslegung des AG Geldern folgend,

---

[14] vgl. *AG Geldern*, Urteil vom 20. April 2011, 4 C 33/11, RN 19-23.

9

Bestimmungen, die zwingend der Schriftform bedürfen, nicht wirksam in den Vertrag einbezogen. Hierzu zählt zum Beispiel die Vereinbarung über den Gerichtsstand[15], was jedoch für Verbraucher keine Auswirkungen hat, da Sie gemäß Art. 16 Abs. 1 EuGVVO gegen ausländische Unternehmer an ihrem Wohnsitz klagen dürfen, bzw. gemäß Art. 16 Abs. 2 EuGVVO nur im Land Ihres Wohnsitzes verklagt werden können.

Bei den folgenden Komponenten der Google-AGB wurden die entsprechenden Vorgaben des Art. 23 Abs. 2 EuGVVO nicht eingehalten:

- *Google Play-Nutzungsbedingungen*
- *Google Play - Geschäfts- und Programmrichtlinien*
- *Google Wallet Nutzungsbedingungen – Käufer.*

3.3. Kein Verstoß gegen das Verbot überraschender Klauseln (§305c Abs. 1 BGB)

Durch die Regelung des §305c Abs. 1 BGB soll der Vertragspartner vor überraschenden Klauseln in AGB geschützt werden. Dies gilt umso mehr, als §305 Abs. 2 BGB die wirksame Einbindung von AGB unabhängig ihrer tatsächlichen Kenntnisnahme anordnet.[16]

---

[15] vgl. *AG Geldern*, Urteil vom 20. April 2011, 4 C 33/11, RN 19-23.
[16] *Jauernig*, §305c RN 1.

10

Diese Prüfung hat ergeben, dass die Google-AGB keine nach §305c Abs. 1 BGB unwirksame Klauseln enthalten.

3.4. Keine vorrangige Individualvereinbarung (§305 b BGB)

Google lässt grundsätzlich keine vorrangigen Individualvereinbarungen i.S.d. §305b BGB zu.

4. Inhaltskontrolle

Die Google-AGB werden gemäß §305 Abs. 1 BGB i.V.m. §§310 Abs. 1, 4 BGB Vertragsbestandteil und sind daher einer Inhaltskontrolle zu unterziehen.

Diese besteht aus einer Generalklausel (§307 BGB) und einem Katalog verbotener AGB (§§309, 308 BGB). Rechtstechnisch ist §307 BGB ein Auffangtatbestand, der erst nach den §§309, 308 BGB zu prüfen ist.[17]

4.1. Klauselverbote ohne Wertungsmöglichkeit (§309 BGB)

§309 BGB setzt der Gestaltungsfreiheit für AGB dahingehend Grenzen, als er bestimmte Bestimmungen für grundsätzlich unwirksam definiert. Das Gesetz enthält keine unbestimmten Rechtsbegriffe, die Klauseln sind unabhängig einer richterlichen Würdigung unwirksam[18].

---

[17] vgl. *Palandt*, §307 RN 1-2.

4.1.1. *Google Wallet Nutzungsbedingungen – Käufer*

4.1.1.1. Abschnitt: „23.5"

VERTRAGSKLAUSEL: Jede Mitteilung an GPL im Rahmen
dieser Vereinbarung ist per Einschreiben an GPL Payments
Limited, Belgrave House, 76 Buckingham Palace Road,
London SW1W 9TQ, Großbritannien zu senden und an das
„GPL Wallet Team" zu adressieren, wobei die folgenden
Ausnahmen gelten ...

In dieser Vertragsklausel schreibt GPL für jede Mitteilung
im Rahmen dieser Vereinbarung die besondere
Übermittlungsform des Einschreibens vor.
Zwar werden davon im weiteren Verlauf der Klausel einige
Mitteilungsarten ausgenommen, doch die grundsätzliche
Einschreiben-Verpflichtung bleibt bestehen.

Diese Einschreiben-Verpflichtung könnte gegen §309 Nr.
13 BGB verstoßen, in der bestimmt wird, dass
Bestimmungen in AGB, die für Anzeigen oder Erklärungen
eine strenge Form als die Schriftform vorschreiben, ungültig
sind.

Für die Unwirksamkeit der Klausel muss die Einschreiben-
Verpflichtung eine strengere Form als die Schriftform
darstellen.

---

[18] vgl. *Palandt*, §309 RN 1.

12

Die einschlägigen Rechtskommentare[19] erklären hierzu, dass es sich bei Einschreiben-Verpflichtungen, da sie besonders von den Vorschriften des §130 BGB abweichen, um unwirksame Bestimmungen handelt.

Somit verstößt diese Klausel gegen §309 Nr. 13 BGB, da sie für Erklärungen eine strengere Form als die Schriftform verlangt.

Da sich Google seinerseits in den Absätzen 23.2 und 23.3 das Recht einräumt, Mitteilungen an den Vertragspartner in einfacher Schriftform oder elektronischer Form oder durch Veröffentlichung auf einer GPL-Website zu übermitteln, wird der Vertragspartner, durch diese Ungleichheit der gegenseitigen Rechte und Pflichten, unangemessen benachteiligt.

Dadurch verstößt diese Einschreiben-Verpflichtung auch gegen §307 Abs. 1 S.1 BGB[20].

Ein *blue pencil test*[21] des Verfassers dieser Arbeit, zur Prüfung der möglichen Wirksamkeit von Teilen ansonsten unwirksamer Klauseln, kommt zu dem Ergebnis, dass die

---

[19] vgl. *Palandt*, §309 RN106, Jauernig §309 RN22.
[20] vgl. *Jauernig* §307 RN3 bb.
[21] vgl. *BAG*, Urteil vom 21. 04. 2005, 8 AZR 425/04 und *BGH*, Urteil vom 6. 04. 2005, XII-ZR-132/03 #10-11.

verbleibende Klausel ohne die unwirksame Einschreiben-Verpflichtung, weiterhin Bestand haben kann.

4.2. Klauselverbote mit Wertungsmöglichkeit (§308 BGB)

Ähnlich §309 BGB, enthält auch §308 BGB Bestimmungen, die in AGB ungültig sind. Für die Verbote des §308 BGB ist jedoch kennzeichnend, dass sie unbestimmte Rechtsbegriffe verwenden, die Feststellung ihrer Unwirksamkeit also eine richterliche Wertung erfordert[22].

4.2.1. Die Google Nutzungsbedingungen

4.2.1.1. Abschnitt: Über Software in unseren Diensten

VERTRAGSKLAUSEL: Falls die Nutzung eines Dienstes herunterladbare Software erfordert oder beinhaltet, kann diese Software automatisch auf Ihrem Computer aktualisiert werden, sobald eine neue Version oder Funktion verfügbar ist. Bei einigen Diensten können Sie die Einstellungen für die automatische Aktualisierung anpassen.

Diese Klausel könnte gegen §308 Nr. 4 BGB verstoßen in der Bestimmungen, die die Vereinbarung eines Rechts des Verwendes die versprochene Leistung zu ändern oder von ihr abzuweichen, für unwirksam erklärt werden.

---

[22] vgl. *Palandt* §308, RN1.

Die Klausel definiert, dass die Software, die für die Benutzung des Dienstes verwendet wird, u. U. auch automatisch Aktualisierungen herunterladen kann, sobald neue Funktionen oder Versionen verfügbar sind. Dabei beschränkt die Klausel den Umfang der Änderungen in keiner Weise, so dass dies in einer verbraucherfeindlichen Auslegungen auch bedeutet, dass sich über technische Anpassungen hinaus, die angebotene Leistung vollständig ändern kann.

Das LG Frankfurt am Main hat in einer vergleichbaren Entscheidung gegen Samsung Electronics[23], als Betreiberin eines Android App-Shops, befunden, dass die Einwilligung zu einer automatischen Installation von Updates gegen §308 Nr. 4 BGB verstößt. Dies soll deshalb so sein, weil dieser Änderungsvorbehalt ohne Rücksicht darauf vereinbart wurde, ob er für einen Verbraucher zumutbar ist. Es wird darüber hinaus auch nicht angegeben, welche der Dienste Anpassungsmöglichkeiten für die automatischen Aktualisierungen bieten.

Da diese Klausel einen unbeschränkten Änderungsvorbehalt enthält, nicht berücksichtigt ob diese Änderung (Aktualisierung) für den Verbraucher zumutbar ist und Google darüber hinaus den Vertragspartner nicht in angemessener Frist über bevorstehende Aktualisierungen informiert, verstößt diese Klausel gegen §308 Nr. 4 BGB

---

[23] vgl. *LG Frankfurt/Main*, Urteil vom 25. April 2013, 2-24 O 246/12, Entscheidungsgrund Nr. 1.

und ist unwirksam[24]. Sie ist auch vollständig unwirksam, da sie nach Streichung des unwirksamen Teils unverständlich ist.

4.2.1.2. Abschnitt: Über Software in unseren Diensten

> VERTRAGSKLAUSEL: Open-Source-Software spielt eine wichtige Rolle für uns. Ein Teil der Software, die in unseren Diensten verwendet wird, unterliegt gegebenenfalls einer Open-Source-Lizenz, deren Bedingungen wird Ihnen zur Verfügung stellen. Die Open-Source-Lizenz kann Bestimmungen enthalten, die ausdrücklich einige Regelungen dieser Nutzungsbedingungen vorgehen.

In den *Google Nutzungsbedingungen* ist kein Hinweis darüber enthalten a) welche Google-Software, b) welche Open-Source-Software c) unter welcher Open-Source-Lizenz enthält[25] und d) wo/wie der Vertragspartner diese zusätzlichen Lizenzbedingungen erhält.

Mit dieser Klausel bestimmt Google, dass unbestimmte zusätzliche Vertragsbestimmungen, nicht spezifizierten Teilen der Google-AGB vorgehen sollen. Dies ermöglicht Google, zumindest die versprochene Leistung einseitig zu

---

[24] ebd. und vgl. *Koch (CV)*, Seite 228, RN 88.
[25] Es gibt über 70 Open-Source-Lizenzen. Siehe OSI, http://opensource.org/licenses/alphabetical .

16

ändern. Daher ist diese Klausel gemäß §308 Nr. 4 BGB unwirksam[26].

Darüber hinaus muss auch die entsprechende Open-Source-Lizenz selber einer eigenständigen AGB Kontrolle unterzogen werden[27], denn selbst die populäre „General Public License" [28] verstößt u.a. gegen §§307, 308 und 309 BGB[29].

4.2.2. Die Google Play-Nutzungsbedingungen
4.2.2.1. Abschnitt: Updates

VERTRAGSKLAUSEL: *Updates*: Von Zeit zu Zeit kann die Installation von kostenlosen Updates für Google Play oder dazugehörige Google-Software erforderlich sein, um Google Play weiterhin in vollem Umfang verwenden sowie Inhalte aufrufen und herunterladen zu können. Inhalte, die von Google stammen, können von Zeit zu Zeit mit den Google-Servern kommunizieren, um die Verfügbarkeit von Updates für die Inhalte und die Funktionalität von Google Play zu überprüfen. Hierzu gehören Fehlerbehebungen, Patches, erweiterte Funktionen, fehlende Plug-ins und neue Version (gemeinsam als „Updates" bezeichnet). Ihre

---

[26] vgl. *Koch (CV)*, Seite 228, RN 88.
[27] vgl. *LG München I*, Urteil vom 19. Mai 2004, Az. 21 O 6123/04, Entscheidungsgrund zu A.
[28] Open Source Initiative, http://opensource.org/licenses .
[29] *vgl. Vogt*, 4. Gewährleistung und Haftung unter der GPL.

Nutzung der von Ihnen installierten Inhalte setzt voraus, dass Sie dem Erhalt solcher automatisch angeforderten Updates zugestimmt haben. Wenn Sie solchen automatisch angeforderten und empfangenen Updates nicht zustimmen, dürfen Sie den Google Play Store nicht verwenden und diese Inhalte nicht installieren.

Da diese Klausel einen unbeschränkten Änderungsvorbehalt enthält der nicht berücksichtigt, ob diese Änderung für den Verbraucher zumutbar ist und darüber hinaus der Vertragspartner nicht in angemessener Frist über bevorstehende Aktualisierungen informiert wird, verstößt diese Klausel analog zum Punkt 4.2.1.1. (oben) gegen §308 Nr. 4 BGB und ist unwirksam[30].

4.2.3. Google Wallet Nutzungsbedingungen – Käufer
4.2.3.1. Abschnitt: „3.3 (b) Zustimmung zur Vereinbarung"

VERTRAGSKLAUSEL: durch Nutzung des Dienstes. In diesem Fall verstehen Sie und stimmen zu, dass GPL die Verwendung des Dienstes durch Sie als Zustimmung zur Vereinbarung ansieht.

---

[30] vgl. *LG Frankfurt/Main*, Urteil vom 25.04.2013, 2-24 O 246/12 EG-Nr. 1, vgl. *Koch (CV)*, Seite 228, RN 88.

Mit dieser Klausel wird durch die Nutzung des Dienstes durch den Verbraucher, dessen Zustimmung zu geänderten AGB erklärt. Zustimmungsfiktionen sind nicht grundsätzlich unmöglich[31], dem Verbraucher wird hier jedoch keine Frist zur Abgabe einer Zustimmungs-Erklärung eingeräumt.

Dadurch ist die Klausel gemäß §308 Nr. 5 BGB[32] unwirksam.

4.2.3.2.   Abschnitt: „22.3 (a) Änderungen an der Vereinbarung"

> VERTRAGSKLAUSEL: Das Recht von GPL, von Zeit zu Zeit ohne vorherige Ankündigung seine Richtlinien zu aktualisieren und zu überarbeiten oder neue Funktionen hinzuzufügen, die Sie durch die Nutzung annehmen. Die Methode zur Einführung dieser Überarbeitung kann GPL nach eigenem Ermessen wählen, beispielsweise per E-Mail-Mitteilung oder durch Veröffentlichung auf einer Google-Website.

Analog zu den Punkten 4.2.1.1 und 4.2.2.1 verstößt diese Klausel gegen §308 Nr. 4 BGB[33], da GPL dem Kunden

---

[31] vgl. *Schwab*, Seite 54 RN 213-215.
[32] vgl. ebd. und *LG Frankfurt/Main*, Urteil vom 25. April 2013, 2-24 O 246/12, Entscheidungsgrund Nr. 7.
[33] vgl. *LG Frankfurt/Main*, Urteil vom 25.04.2013, 2-24 O 246/12 EG-Nr. 1, vgl. *Koch (CV)*, Seite 228, RN 88.

keine Frist zur Abgabe einer ausdrücklichen Zustimmungserklärung zu etwaigen Änderungen der Allgemeinen Geschäftsbedingungen einräumt.

Diese Klausel ist somit unwirksam.

4.3. Generalklausel (§307 BGB)

Die Generalklausel des §307 Abs. 1 BGB legt den grundlegenden Wertemaßstab für richterliche Inhaltskontrollen von AGB fest.

§307 Abs. 2 BGB konkretisiert die Regel durch Kriterien, die i.d.R. die Unwirksamkeit der Klausel begründen[34].

Die Inhaltskontrolle darf aber nicht zu einer Umgehung der in §§308, 309 BGB zum Ausdrucken kommenden Regelabsicht führen[35].

4.3.1. §307 Abs. 2 BGB

Während nach §307 Abs. 2 Nr. 1 BGB die Grundgedanken des dispositiven Rechts Prüfungsmaßstab sind, stellt §307 Abs. 2 Nr. 2 BGB auf die Natur des Vertrages ab[36]. Beides muss bei der Prüfung Berücksichtigung finden.

4.3.1.1. *Google Play-Nutzungsbedingungen*

---

[34] vgl. *Palandt* §307 RN 1-2.
[35] ebd.
[36] vgl. *Palandt* §307 RN 31.

4.3.1.1.1. Abschnitt: Veräußerung, Verteilung oder Übertragung an Dritte

---

VERTRAGSKLAUSEL: Sie dürfen Inhalte nicht ohne Autorisierung veräußern, vermieten, verpachten, weiterverteilen, öffentlich darstellen, übertragen, übermitteln, ändern, unterlizenzieren oder Ihre Rechte daran an Dritte übertragen oder abtreten. Dazu gehören auch alle Downloads von Inhalten, die Sie über Google Play erhalten. Die Nutzung eines Tools oder einer Funktion, das/die als autorisierter Teil von Google Play zur Verfügung gestellt wird (z.B. „Empfehlungen in sozialen Netzwerken") steht dieser Bestimmung nicht entgegen, sofern Sie das Tool/die Funktion exakt in der von Google angegebenen und zugelassenen Art und Weise verwenden.

Diese Klausel könnte gegen §307 Abs. 2 Nr. 1 BGB i.V.m. Art. 4 Abs. 2 der Richtlinie 2009/24/EG des Europäischen Parlaments und des Rates verstoßen. Art. 4 Abs. 2 der Richtlinie 2009/24/EG definiert den Erschöpfungsgrundsatz für den Verkauf von Software.

Der EuGH hat sich mit der Frage der Rechtmäßigkeit des Weiterverkaufs von Software befasst, die vom Hersteller selber oder mit dessen Zustimmung online verkauft wurde[37].

---

[37] *EuGH* Urteil vom 3. Juli 2012, Az. C-128/11 RN 40-49.

Dabei wurde die Anwendbarkeit des Art. 4 Abs. 2 der Richtlinie 2009/24 EG in diesen Fällen bestätigt und die Erlaubnis zum Weiterverkauf solcher Software bejaht.

Verkäufer einer Android-App über Google-Play ist in der Regel der Rechteinhaber (Hersteller) selber. Daher ist davon auszugehen, dass der Verkauf mit seiner Zustimmung stattfindet. Da Google keine gebrauchte Software zum Kauf über Google Play anbietet, ist auch davon auszugehen, dass es sich bei jedem Kauf einer Android-App Software über Google Play um einen Erstverkauf i.S.d. Art. 4 Abs. 2 der Richtlinie 2009/24/EG handelt.

Das in der Klausel aufgeführte Verbot des Weiterverkaufs von Android-Apps verstößt somit gegen §307 Abs. 2 Nr. 1 BGB i.V.m. Art. 4 Abs. 2 der Richtlinie 2009/24/EG[38]. Da der EuGH die Kontrollmöglichkeit des Rechteinhabers über die Vermietung jedoch ebenfalls bejaht hat[39], kann die Klausel in Teilen, ohne das Veräußerungsverbot, weiterhin Bestand haben.

4.3.1.2. *Google Wallet Nutzungsbedingungen – Käufer (Deutschland)*

4.3.1.2.1. Abschnitt: 1. Definitionen

---

[38] vgl. ebd. und *OLG Hamburg*, Beschluss vom 30.4.2013, Az. 5 W 35/13.
[39] *EuGH* Urteil vom 3. Juli 2012, Az. C-128/11 RN 17.

22

> VERTRAGSKLAUSEL: „Werktag" bezeichnet alle Tage, die
> kein Samstag, Sonntag oder gesetzlicher Feiertag im
> Vereinigten Königreich sind.

Mit dieser Formulierung wird der Begriff „Werktag", so definiert, dass er in Widerspruch zu §3 Abs. 2 BUrlG steht, der den Begriff „Werktag" im deutschen Recht definiert. Da diese Vertragsklausel dem wesentlichen Grundgedanken einer gesetzlichen Regelung widerspricht, ist sie gemäß §307 Abs. 2 Nr. 1 BGB i.V.m. §3 Abs. 2 BUrlG unwirksam.

Es ist auch fraglich, ob der Begriff „Vereinigtes Königreich", von einem durchschnittlichen deutschen Verbraucher verstanden wird. Andernfalls weis er nicht, dass die in Großbritannien geltenden gesetzlichen Feiertage Anwendung finden sollen.

Dadurch kann diese Vertragsklausel u. U. auch nach §307 Abs. 1 Nr. 2 BGB unwirksam sein, was aufgrund der Unwirksamkeit gemäß §307 Abs. 2 Nr. 1 BGB nicht weiter geprüft wird.

4.3.1.2.2. Abschnitt: 9.3 (b) Verifizierung des Käufers, Pflichten nach dem Geldwäschegesetz

> VERTRAGSKLAUSEL: Der Käufert stimm zu, dass GPL zum
> Zweck der Sorgfalts- und Identitätsüberprüfung
> Informationen über den Käufer weitergeben und von
> Dritten innerhalb und außerhalb des Europäischen
> Wirtschaftsraums beziehen darf, soweit dies gesetzlich
> zulässig ist. Außerdem stimmt der Käufer zu, dass diese
> Dritten die auf solche Weise weitergegebenen Daten
> aufbewahren dürfen.

Google bestimmt hier, dass personenbezogene Daten auch an Geschäftspartner die nicht zur Google Gruppe gehören, zum Zwecke der Sorgfalts- und Identitätsüberprüfung, übermittelt werden können und diese Geschäftspartner die Daten auch speichern dürfen.

Dabei ist die Speichererlaubnis in keiner Weise auf den Zeitraum begrenzt, der für die Verarbeitung erforderlich ist. Personenbezogenen Daten sind jedoch gemäß §35 Abs. 2 Nr. 3 BDSG „zu löschen, wenn ihre Kenntnis für die verantwortliche Stelle . . . nicht mehr erforderlich ist".

Die Möglichkeit der unbegrenzten Speicherung personenbezogener Daten steht im Konflikt mit dem datenschutzrechtlichen Zweckbindungsgrundsatz[40], wodurch diese Klausel gemäß §307 Abs. 2 Nr. 1 BGB i.V.m. §§35 Abs. 2 Nr. 3, 6 I BDSG unwirksam ist.

---

[40] vgl. *Fraekel, Hammer*, Volume 31, Ausgabe 12 , Seite 899-904.

4.3.1.2.3. Abschnitt: 21.2 (b) (ii)

Haftungsbegrenzung

VERTRAGSKLAUSEL: jegliche Änderung, die GPL am Dienst vornimmt, oder jegliche dauerhafte oder vorübergehende Einstellung der Bereitstellung des Dienstes oder von Merkmalen des Dienstes.

In Absatz 21.2 (b) definiert GPL, das sie vom Vertragspartner für bestimmte Verluste und Schäden nicht haftbar gemacht werden kann. Hierzu zählt gemäß Absatz 21.2 (b) (ii) auch die dauerhafte Einstellung des Dienstes.

Zwar weist Google in Absatz 21.1 darauf hin, dass durch keine Bestimmung die gesetzliche geregelte Verlusthaftung in rechtswidriger Weise ausgeschlossen werden kann, in Verbindung mit dieser Klausel 21.2 (b) entsteht jedoch eine Intransparenz, wodurch dem Vertragspartner der genaue Umfang des Haftungsausschlusses nicht ersichtlich ist.

Somit ist diese Klausel gemäß §307 Abs. 1 S.1 i.V.m. I S.2 BGB unwirksam[41].

Zusätzlich können sich, je nach Situation, weitere Unwirksamkeitsgründe ergeben:

---

[41] vgl. *Jauernig*, §305 RN14, Transparenzgebot.

Beispiel 1: Wenn die Beendigung des Dienstes die Ausübung des in der *Google Play – Geschäfts- und Programmrichtlinien* definierten 15-Minütigen Rücktrittsrecht verhindert, ist dies ein unerlaubter Eingriff in das Wahlrecht des Verbrauchers nach §§437 i.V.m. 475 Abs. 1 BGB und die Klausel gemäß §307 Abs. 2 Nr. 1 BGB i.V.m. §§437, 475 Abs. 1 BGB unwirksam[42].

Beispiel 2: Wenn ein Kunde zum Zeitpunkt der Einstellung des Dienstes ein positives Guthaben auf einer Geschenkkarte i.S.d. Absatz 12 der *Google Wallet Nutzungsbedingungen – Käufer (Deutschland)* hat, verstößt die Klausel gegen §308 Nr. 4 BGB[43].

4.3.1.2.4. Abschnitt: 24.9 Allgemeine rechtlichen Bestimmungen

VERTRAGSKLAUSEL: Die Vereinbarung und Ihre Beziehung zu GPL im Rahmen der Vereinbarung unterliegen deutschem Recht. Sie und GPL erkennen die Zuständigkeit der Gerichte Hamburgs für Rechtsangelegenheiten im Hinblick auf die Vereinbarung an. Ungeachtet dieser Ziffer 24.9 stimmen Sie zu, dass GPL auch in anderen

---

[42] vgl. *LG Frankfurt/Main*, Urteil vom 25. April 2013, 2-24 O 246/12, Entscheidungsgrund 1.
[43] vgl. *LG Frankfurt/Main*, Urteil vom 25. April 2013, 2-24 O 246/12, Entscheidungsgrund 1.

> Rechtsordnungen Unterlassungsansprüche oder
> entsprechende Rechtsmittel geltend machen kann.

Mit dieser Vertragsklausel bestimmt GPL Hamburg als alleinigen Gerichtsstand und räumt sich zusätzlich das Recht ein, auch in anderen Rechtsordnungen (Länder) Rechtsmittel (z. B. Klagen) geltend zu machen.

Dies steht im Widerspruch sowohl zu Artikel 16 Abs. 1 EuGVVO, nachdem Verbraucher vor ihrem Wohnsitzgericht Klage gegen den Verwender einreichen können, als auch gegen Artikel 16 Abs. 2 EuGVVO, nachdem Klagen des Verwenders gegen den Verbraucher nur vor Gerichten des Wohnsitzlandes des Verbrauchers zulässig sind.

Diese Vertragsklausel verstößt somit gegen §307 Abs. 2 Nr. 1 BGB i.V. m. Artikel 16 Abs. 1, 2 EuGVVO[44] und ist unwirksam.

4.3.1.3. *Google Datenschutzerklärung*

4.3.1.3.1. Abschnitt: Zugriff auf … Ihrer personenbezogenen Daten

> VERTRAGSKLAUSEL: Wann auch immer Sie unsere Dienste
> nutzen, sind wir bestrebt, Ihnen Zugriff auf Ihre
> personenbezogenen Daten zu gewähren. Sollten diese

---

[44] vgl. *OLG Stuttgart*, Urteil vom 17. Feb. 2011, 2 U 65/10, RN 131.

Daten fehlerhaft sein, bemühen wir uns darum, Ihnen Möglichkeiten zu eröffnen, diese schnell zu aktualisieren oder zu entfernen – es sei denn, wir müssen diese Daten aus geschäftlichen oder rechtlichen Zwecken aufbewahren. Im Falle der Aktualisierung Ihrer personenbezogenen Daten verlangen wir möglicherweise einen Nachweis Ihrer Identität, bevor wir Ihre Anfrage umsetzen.

In dieser Klausel räumt sich Google das Recht ein, Korrektur- oder Löschgesuche des Vertragspartners aus nicht näher definierten „berechtigten geschäftlichen Zwecken" nicht umzusetzen.

§6 Abs. 1 BDSG bestimmt jedoch, dass die Rechte des Betroffenen auf Berichtigung, Löschung oder Sperrung nicht durch Rechtsgeschäft ausgeschlossen werden können.

Dadurch verstößt diese Vertragsklausel gegen §307 Abs. 2 Nr. 1 BGB, i.V.m. §§35 Abs.1, 2, 6 Abs. 1 BDSG[45].

4.3.2.   §307 I BGB

Die Generalklausel §307 Abs. 1 BGB ist subsidiär und findet nur dann Anwendung, wenn eine Klausel nicht schon nach §§307 Abs.2, 308, 309 BGB ungültig ist.

4.3.2.1.   *Google Nutzungsbedingungen*

---

[45] vgl. *Koch (IR)*, S. 92.

4.3.2.1.1. Abschnitt: „Über diese Nutzungsbedingungen"

> VERTRAGSKLAUSEL: Diese Nutzungsbedingungen und jegliche Streitigkeiten aus oder im Zusammenhang mit diesen Nutzungsbedingungen unterliegen deutschem Recht unter Ausschluss des UN-Kaufrechts. Diese Rechtswahl trifft keine Aussage hinsichtlich des Rechts, das auf den jeweiligen Dienst selbst anwendbar ist.

Die *Google Nutzungsbedingungen* unterliegen deutschem Recht, sind in deutscher Sprache verfasst und weisen Verbrauchern ihre Rechte zum Gerichtsstand aus.

Die Möglichkeit, dass bei der Benutzung eines Google Dienstes plötzlich das Recht eines anderen, nicht benannten Drittstaates zusätzlich Gültigkeit erlangen soll, ist eine unangemessene Benachteiligung des Verbrauchers.

Die Klausel ist somit gemäß §307 Abs. 1 S.1, 2 BGB unwirksam[46].

4.3.2.2. *Google Play-Nutzungsbedingungen*
4.3.2.2.1. Abschnitt: Zugriffsbeschränkungen für Geräte

> VERTRAGSKLAUSEL: Google kann von Zeit zu Zeit Beschränkungen bezüglich der Anzahl an Geräten

---

[46] vgl. *BGH*, I ZR 40/11, Urteil vom 19. Juli 2012 RN 38-42.

und/oder Softwareanwendungen festlegen, über die Sie auf Inhalte zugreifen können. Weitere Informationen hierzu finden Sie in der Hilfe für die relevanten Inhalte innerhalb von Google Play. Google wird gegebenenfalls zum Zweck der Umsetzung solcher Beschränkungen die eindeutige Gerätekennung Ihrer Geräte erfassen und speichern.

Mit dieser Vertragsklausel ermöglicht es sich Google, ohne Angabe von Gründen, die Anzahl der vom Vertragspartner verwendeten Geräte einzuschränken.

Der in der Klausel enthaltene Hinweis auf die Google Play Hilfe ist fruchtlos, da weder die Google Play Hilfe[47], noch die „Google Play Hilfe nach Produkttype" für den Produkttype „Android-Apps und Spiele" einen Hinweis auf die Zugriffsbeschränkung enthalten.

Es ist auch nicht ungewöhnlich, dass Verbraucher über viele unterschiedliche Geräte verfügen, mit denen sie Google Play nutzen. Durch die Klausel kann der Vertragspartner nicht erkennen, welchen Beschränkungen er sich unterwirft, wodurch Google entgegen dem Gebot von Treu und Glaube unangemessen privilegiert wird.

Aus diesem Grund verstößt diese Vertragsklausel gegen §307 Abs. 1 S. 1 BGB[48] und ist unwirksam.

---

[47] siehe Anlage 9 dieser Seminararbeit.

4.3.2.3. *Google Wallet Nutzungsbedingungen –*
Käufer (Deutschland)
4.3.2.3.1. Abschnitt: „13.3"

VERTRAGSKLAUSEL: Sie stimmen zu, dass Sie den Dienst nicht zur Abwicklung von Zahlungsvorgängen für Produkte verwenden, die gegen die Vereinbarung, sonstige für den Dienst geltende Richtlinien oder Regelungen in ihrer jeweils aktuellen Fassung oder geltendes Recht verstoßen. Die aktuellen Richtlinien, in der die Produkte und sonstigen Transaktionen festgelegt sind, die nicht über den Dienst bezahlt werden dürfen, finden Sie hier. Das Nichtbefolgen dieser Einschränkungen kann zur Aussetzung oder Kündigung des Dienstes führen.

Diese Klausel bestimmt, welche Zahlungen mit Google Wallet durchgeführt werden dürfen. Innerhalb dieses Abschnitts verweisen die AGB auf eine Internetseite, auf der „Produkte und sonstige Transaktionen" aufgeführt sind, die nicht mit Google Wallet bezahlt oder verkauft werden dürfen[49].

Diese Seite ist in englischer Sprache gehalten, was eine unangemessene Benachteiligung für deutsche Verbraucher

---

[48] vgl. *Jauernig*, §307 RN5.
[49] Google Payments, Content policy,
https://support.google.com/payments/answer/75724?hl=de&rd=1 .

darstellt. Die Klausel ist daher gemäß §§307 Abs. 1 BGB
i.v.m. Art. 246 § 3 Nr. 4 EGBGB unwirksam[50].

4.3.2.3.2. Abschnitt: „23.1"

> VERTRAGSKLAUSEL: Alle Informationen werden Ihnen auf
> leicht zugängliche Weise verfügbar gemacht und sind in
> leicht begreflicher Sprache mit klaren und verständlichen
> Formulierungen auf Deutsch und/oder Englisch verfasst.

In Abschnitt 4.3 dieser Google-AGB Komponente wird
angegeben, dass diese Vereinbarung in deutscher Sprache
zur Verfügung gestellt wird und eine englische Version
verfügbar ist. Auch bestimmt Abschnitt 4.4, dass bei
Unterschieden zwischen der deutschen und englischen
Version, die deutschsprachige Version Vorrang hat.

In Abschnitt 23 1 hingegen definiert GPL das
Informationen in Deutsch und/oder Englisch übermittelt
werden können. Hiernach hätte GPL durchaus die
Möglichkeit ausschließlich englische Informationen zu
übermitteln, was nicht zulässig ist[51].

---

[50] vgl. *Jauernig*, §305 RN14, Transparenzgebot und vgl. *OLG Hamm*,
Urteil vom 26 Mai 2011, I-4-U-35/11, B.
[51] vgl. Jauernig, §305 RN14, Transparenzgebot und vgl. *OLG Hamm*,
Urteil vom 26 Mai 2011, I-4-U-35/11, B.

Dadurch wird der Verbraucher unangemessen benachteiligt, was zur Unwirksamkeit dieser Klausel gemäß §§307 Abs. 1 BGB i.V.m Art. 246 § 3 Nr. 4 EGBGB führt[52].

4.3.2.4. *Google Datenschutzerklärung für Google Wallet*

4.3.2.4.1. Abschnitt: … Nutzung … durch angegliederte Unternehmen

---

VERTRAGSKLAUSEL: Die von uns erhobenen Daten, einschließlich der von Dritten eingeholfen Informationen, werden von GPC und seinen angegliederten Unternehmen (einschließlich Google Inc.) verwendet, um die Bereitstellung des Dienstes zu gewährleisten. Weder GPC noch seine angegliederten Unternehmen geben Ihre Informationen an Außenstehende weiter. Ausgenommen sind die in den Datenschutzhinweisen genannten Bedingungen.

Google verwendet in dieser Vertragsklausel den rechtlich nicht definierten Begriff der „angegliederten Unternehmen". Zwar kennt §15 AktG sg. „verbundene Unternehmen", die Klausel spricht jedoch ausschließlich von „angegliederten Unternehmen". Es ist für den Verbraucher nicht ersichtlich, ob nicht auch sonstige

---

[52] ebd.

33

Google Vertragspartner angegliederte Unternehmen seien können.

In solchen Fallen wären diese sonstigen Vertragspartner auch keine „Außenstehende", an die im weiteren Verlauf der Klausel eine Informationsweitergabe ausgeschlossen wird. Aufgrund ihrer Unbestimmtheit verstößt diese Vertragsklausel gegen §307 Abs. 1 S. 2 BGB[53].

Zusätzliche Unklarheit entsteht auch dadurch, dass in dieser Vertragsklausel auf GPC, die für die USA zuständige Google Payment Gesellschaft, Bezug genommen wird und nicht auf GPL, der für die europäischen Märkte zuständigen Google-Gesellschaft.

5. Verbot der geltungserhaltenden Reduktion (§306a BGB)

Die Google-AGB enthalten keine Bestimmungen, die den Versuch einer geltungserhaltenden Reduktion i.S.d. §306a BGB darstellen.

6. Ergebnis der rechtlichen Prüfung

Diese Prüfung der Google-AGB hat 17 unwirksame Vertragsklauseln aufgezeigt. An ihre Stelle treten gemäß §306 Abs. 2 BGB die jeweiligen gesetzlichen Bestimmungen.

---

[53] vgl. *Jauernig*, §305 RN14, Transparenzgebot.

Die übrigen Bestimmungen bleiben weiterhin gültig (§306 Abs. 1 BGB), da der Wegfall der beanstandeten Vertragsklauseln den Wert der Gesamtregelungen nicht derart verändert, dass das Festhalten an dem Vertrag für eine Vertragspartei eine unzumutbare Härte darstellt (§306 Abs. 3 BGB)[54].

---

[54] vgl. *BGH*, Urteil vom 23. Januar 2013, Az. VIII ZR 80/12.

Fazit

Wie jedes globale Unternehmen, muss auch Google Allgemeine Geschäftsbedingungen für eine Vielzahl von Jurisdiktionen bereitstellen. Aufbauend auf den für den amerikanischen Markt entwickelten AGB, werden diese für einzelne Länder angepasst. Dabei sind jedoch die Wünsche der Konzernmutter und die rechtlichen Rahmenbedingungen der jeweiligen Jurisdiktionen nicht immer deckungsgleich.

Google hat mit seiner umfassenden AGB Neugestaltung vom März 2012 eine integrative AGB Struktur geschaffen, die es erlaubt, auch zukünftige Dienste vergleichsweise einfach in die bestehende AGB Struktur einzubinden.

Diese auf den ersten Blick moderne Struktur erschwert es jedoch dem Vertragspartner, durch ihren geschachtelten Aufbau, den vollständigen Umfang der Regelungen zu erfassen.

Die daraus resultierende Komplexität der Google-AGB birgt viele Probleme. Sie ist nicht nur für die Vertragspartner unverständlich, sondern führt auch leicht zu handwerklichen Fehlern bei der lokalen Vertragsgestaltung, wie sie durch Verlinkungen auf englischsprachige Zusatzbedingungen oder sprachlich unsaubere Formulierungen zu Tage treten.

Darüber hinaus hilft dieses umfangreiche und komplexe Vertragswerk auch dabei, Klauseln die Google besonders privilegieren, mit einer Flut an Information zu maskieren und somit der Aufmerksamkeit des Vertragspartners zu entziehen.

Hierzu zählen vor allem umfangreiche Rechteeinräumungen zum Sammeln und Verwenden personenbezogener Daten und die diversen Haftungsausschlüsse, die an vielen unterschiedlichen Stellen der Google-AGB mehrfach enthalten sind. Für ihre rechtliche Unwirksamkeit muss erst ein Gericht jede einzelne Klausel auf Antrag eines berechtigten Klägers für unwirksam befinden.

Der Autor dieser Seminararbeit kann sich daher des Eindrucks nicht erwehren, dass die Gestaltung der Google-AGB sehr von den Gedanken der amerikanischen IT-Pionierin Grace Hooper geleitet werden: "It's always easier to ask forgiveness than it is to get permission."[55].

Die Prüfung der Google-AGB durch den Autor dieser Seminararbeit hat nicht nur 17 unwirksame Vertragsklauseln gefunden, sie führte auch zu zwei grundsätzlichen Fragen, deren umfassende Beantwortung im Rahmen dieser Seminararbeit nicht möglich ist, die aber erheblichen

---

[55] *Nichols.*

Einfluss auf die Rechtsgültigkeit der Google-AGB haben können.

1. *Ist Google i.S.d. GWB marktbeherrschend bei Internet-Marktplätzen für Android-Apps?*

Die in einem solchen Fall folgende Anwendung des GWB kann nicht nur die Exklusivität von Google Wallet als einziges Bezahlsystem für Google-Play einschränken, sondern wird auch die sicherheitstechnisch-privilegierte Stellung von Google Play innerhalb des Android Betriebssystems gefährden.

2. *Sind umfangreiche und verschachtelte AGB für geringwertige Kaufgegenständen gegenüber Verbrauchern grundsätzlich mit §307 Abs. 1 S.2 BGB vereinbar?*

Auch wenn die eigentlichen *Google-Nutzungsbedingungen* mit 5 in einfacher Sprache gehaltenen Seiten den Anschein der Kürze erwecken, sind die Google-AGB, d. h. die Gesamtheit der anwendbaren Allgemeinen Geschäftsbedingungen, ein verschachteltes Werk von 50 Seiten. Bei einem durchschnittlichen Verkaufspreis von etwa 0,19 US$ pro Download[56], steht der Kontrollaufwand des Vertragspartners in keinem Verhältnis zu seinem bezwecken Interesse oder dem wirtschaftlicher Wert der Transaktion.

Diese Fragen sollte gesondert geprüft werden.

---

[56] vgl. *Gordon.*

38

Die US-amerikanische Google Inc. ist mit ihren AGB-Gestaltungswünschen nicht allein. Auch andere international erfolgreiche Unternehmen wie Apple, Facebook oder Microsoft haben ihren Ursprung in den USA, einem Land, dessen gesetzliche Regelungen zum Verbraucherschutz in vielen Bereichen schwächer ausgeprägt sind, als vergleichbare europäische Gesetze.

Zwar unterhalten diese Unternehmen eigene Rechtsabteilungen in Europa, dennoch befinden europäische Gericht regelmäßig, dass Bestimmungen in ihren AGB unwirksam sind.

Es zeigt sich somit, dass die Konzerne ihren geschäftlichen Interessen eine höhere Priorität einräumen, als den lokalen Gesetzen ihrer jeweiligen Niederlassungsorte.

Am Ende hatte der amerikanischen Schriftstellers Mark Twain wohl doch Recht, als er sagte: Um Erfolg zu haben bedarf es nur zwei Dinge: Ignoranz und Selbstvertrauen[57].

---

[57] *Krass*, Peter, S. 243.

Anlagenverzeichnis und Anlagen

Hinweis zu Anlage 1-6

Die Anlage 1-6 enthalten die einzelnen Komponenten der Google-AGB. Hierin werden jene Vertragsklauseln, die durch das Landgericht Berlin für unwirksam erklärt wurden[58] mit einem gestrichelten Rand markiert. Jene Klauseln, die im Rahmen dieser Seminararbeit für unwirksam befunden wurde, sind mit einem glatten Rahmen umrandet.

Der Internetabruf der Google-AGB erfolgte zwischen dem 22. September und 24. Oktober 2013 und enthält auch die ab 11. November 2013 gültige neue Fassung der *Google Nutzungsbedingungen.* Änderungen nach dem 11. November 2013 werden in dieser Seminararbeit nicht berücksichtigt.

Anlage 1

Google Nutzungsbedingungen.

Anlage 2

Google Play-Nutzungsbedingungen.

Anlage 3

Google Play - Geschäfts- und Programmrichtlinien.

Anlage 4

---

[58] *LG Berlin*, Urteil vom 19. November 2013, 15 O 402/12.

Google Wallet Nutzungsbedingungen – Käufer (Deutschland).

Anlage 5

Google Datenschutzerklärung.

Anlage 6

Datenschutzhinweise für Google Wallet.

Anlage 7

Aufbau und Verzahnung der Google-AGB.

Anlage 8

Anwendbare Komponenten der Google-AGB in den einzelnen Schritten des Kaufs einer Android-App durch einen Verbraucher in Deutschland.

Anlage 9

Suchergebnis „Zugriffsbeschränkung für Geräte" in der Google Play Hilfe.

Anlage 10

Durch das LG Berlin für unwirksam befundene Vertragsklauseln der Google-AGB.

Anlagen

Anlage 1

Abgerufen von URL:

http://www.google.de/intl/de/policies/terms/update/regi onal.html

Abgerufen am: 22. Oktober 2013, 23:34 Uhr

Google Nutzungsbedingungen

Zuletzt geändert am: 11. November 2013

Willkommen bei Google!

Vielen Dank, dass Sie unsere Produkte und Dienste („Dienste") nutzen. Die Dienste werden Ihnen von Google Inc. („Google"), Amphitheatre Parkway, Mountain View, CA 94043, USA, zur Verfügung gestellt.

Die Nutzung der Dienste setzt voraus, dass Sie diesen Nutzungsbedingungen zustimmen. Bitte lesen Sie diese sorgfältig durch.

Wir bieten eine Vielzahl von verschiedenen Diensten an. Aus diesem Grund gelten unter Umständen zusätzliche Bedingungen oder Produktvoraussetzungen (z.B. ein Mindestalter). Solche zusätzlichen Bedingungen werden im Zusammenhang mit den entsprechenden Diensten zur Verfügung gestellt und werden Teil Ihres Nutzungsverhältnisses mit uns, sobald Sie diese Dienste nutzen.

Nutzung unserer Dienste

Sie sind zur Einhaltung der Richtlinien verpflichtet, die für unsere Dienste gelten.

Verwenden Sie unsere Dienste nicht in missbräuchlicher Art und Weise. Sie sind beispielsweise nicht berechtigt, in die Dienste einzugreifen oder in anderer Weise als über die von Google bereitgestellte Benutzeroberfläche und gemäß unseren Vorgaben auf die Dienste zuzugreifen. Sie dürfen unsere Dienste nur in dem gesetzlich zulässigen Rahmen nutzen. Dazu gehören auch die rechtlichen Bestimmungen zur Ausfuhr- und Wiederausfuhrkontrolle.

Wir können die Bereitstellung unserer Dienste an Sie aussetzen oder einstellen, wenn Sie gegen unsere Nutzungsbedingungen oder Richtlinien verstoßen oder wenn wir ein mutmaßliches Fehlverhalten untersuchen.

Durch die Nutzung unserer Dienste erwerben Sie keinerlei Urheberrechte oder gewerbliche Schutzrechte an unseren Diensten oder an den Inhalten, auf die Sie zugreifen. Sie dürfen Inhalte aus unseren Diensten nicht nutzen, es sei denn, Sie verfügen über die Einwilligung des Rechteinhabers oder sind anderweitig zu dieser Nutzung berechtigt. Diese Nutzungsbedingungen gewähren Ihnen kein Recht zur Nutzung von Marken, Markenelementen oder Logos, die in unseren Diensten verwendet werden. Rechtliche Hinweise, die in oder im Zusammenhang mit unseren Diensten angezeigt werden, dürfen nicht entfernt, unkenntlich gemacht oder verändert werden.

In unseren Diensten werden auch Inhalte angezeigt, die nicht von Google stammen. Diese Inhalte unterliegen der ausschließlichen Verantwortung desjenigen, der diese verfügbar macht. Google macht sich diese nicht zu Eigen.

Wir behalten uns das Recht vor, Inhalte auf ihre Rechtswidrigkeit oder auf die Verletzung von Richtlinien hin zu prüfen. Wir können Inhalte entfernen oder deren Darstellung ablehnen, wenn wir berechtigterweise davon ausgehen können, dass sie gegen unsere Richtlinien oder geltendes Recht verstoßen.

Im Zusammenhang mit Ihrer Nutzung unserer Dienste
können wir Ihnen Mitteilungen zu Ihrem
Nutzungsverhältnis und zur Nutzung der Dienste
zukommen lassen.

Einige unserer Dienste sind auch auf mobilen Geräten
verfügbar. Bitte nutzen Sie diese Dienste nicht in einer
Weise, die Sie ablenkt und das Einhalten von
Verkehrsregeln oder Sicherheitsvorschriften verhindert.

Ihr Google-Konto

Für die Nutzung einiger unserer Dienste benötigen Sie ein
Google-Konto. Sie können Ihr Google-Konto selbst
erstellen. Ein Google-Konto kann für Sie auch von einem
Administrator, wie zum Beispiel Ihrem Arbeitgeber oder
einer Bildungseinrichtung, erstellt und Ihnen zugewiesen
werden. Wenn dies der Fall ist, können andere oder
zusätzliche Bedingungen gelten, und Ihr Administrator
kann beispielsweise auf Ihr Konto zugreifen oder es
deaktivieren, wie in der Datenschutzerklärung näher
beschrieben.

Bitte behandeln Sie Ihr Passwort vertraulich, um Ihr
Google-Konto zu schützen. Sie sind für die Aktivitäten in
und mit Ihrem Google-Konto verantwortlich. Nutzen Sie
das Passwort Ihres Google-Kontos möglichst nicht auch für
Angebote Dritter. Sollten Sie eine unerlaubte Nutzung Ihres
Passworts oder Ihres Google-Kontos bemerken, folgen Sie
dieser Anleitung.

Wenn Sie ein Google-Konto haben, zeigen wir im Rahmen
unserer Dienste zusammen mit Ihrem Profilnamen und
Profilbild Aktivitäten an, die Sie in unseren Diensten oder
in Diensten Dritter, die mit Ihrem Google-Konto
verbunden sind, vornehmen (zum Beispiel +1s,
Bewertungen und Kommentare, die Sie posten). Sofern wir
hierfür Ihre Einwilligung erhalten haben, erfolgt dies auch
im Rahmen unserer Werbedienste. Die von Ihnen im

Google-Konto vorgenommenen Einstellungen zum Teilen und zur Sichtbarkeit berücksichtigen wir auch insoweit.

Datenschutz und Schutz von Urheberrechten

In den Datenschutzbestimmungen von Google wird erläutert, wie wir mit Ihren personenbezogenen Daten verfahren und Ihre Daten schützen, wenn Sie unsere Dienste nutzen.

Wir reagieren auf Meldungen zu mutmaßlichen Urheberrechtsverletzungen und kündigen die Konten von Personen, die wiederholt Verstöße begehen, gemäß dem im US-amerikanischen Urheberrechtsgesetz (Digital Millennium Copyright Act) vorgesehenen Verfahren.

Wir stellen Informationen zur Verfügung, mit deren Hilfe Inhaber von Urheberrechten ihre Rechte online wahrnehmen können. Falls Sie der Ansicht sind, dass Ihre Urheberrechte verletzt werden, und Sie uns dies mitteilen möchten, finden Sie Informationen zum Einreichen von Benachrichtigungen und die Richtlinien von Google zum Umgang mit Benachrichtigungen auf unseren Hilfeseiten.

Ihre Inhalte in unseren Diensten

Bei einigen unserer Dienste können Sie Inhalte einstellen. Sie behalten Ihre Rechte als Urheber und alle bestehenden gewerblichen Schutzrechte an den Inhalten, die Sie in unsere Dienste einstellen. Kurz gesagt: Was Ihnen gehört, bleibt auch Ihres.

Indem Sie urheberrechtlich oder sonst rechtlich geschützte Inhalte in unsere Dienste einstellen, räumen Sie Google und den zur Google Gruppe gehörenden Unternehmen sowie den Vertragspartnern von Google unentgeltlich die notwendigen, nicht ausschließlichen, weltweiten und zeitlich unbegrenzten Rechte ein, diese Inhalte ausschließlich zum Zweck der Erbringung des jeweiligen Dienstes und lediglich in dem dafür nötigen Umfang zu nutzen. Damit Google

den jeweiligen Dienst anbieten kann, müssen die Inhalte
zum Beispiel gespeichert und auf Servern gehostet werden.
Das Nutzungsrecht umfasst daher insbesondere das Recht,
die Inhalte technisch zu vervielfältigen. Weiterhin räumen
Sie Google das Recht der öffentlichen Zugänglichmachung
Ihrer Inhalte ausschließlich für den Fall ein, dass Sie wegen
der Natur des jeweiligen Dienstes eine öffentliche
Zugänglichmachung beabsichtigen oder Sie ausdrücklich
eine öffentliche Zugänglichmachung bestimmt haben. Das
Recht der öffentlichen Zugänglichmachung endet mit dem
Zeitpunkt, in dem Sie einen eingestellten Inhalt aus einem
bestimmten Dienst entfernen oder die Bestimmung der
öffentlichen Zugänglichmachung aufheben. Bestimmte
Dienste können zusätzlichen Bedingungen unterliegen,
welche die Einräumung weiterer Rechte vorsehen. Achten
Sie darauf, dass Sie, wenn Sie Inhalte in unsere Dienste
hochladen, Ihrerseits über die hierzu eventuell notwendigen
Rechte verfügen.

Weitere Informationen dazu, wie Google Inhalte verwendet
und speichert, finden Sie in unserer Datenschutzerklärung
bzw. in den zusätzlichen Bedingungen für bestimmte
Dienste. Wenn Sie uns Feedback oder
Verbesserungsvorschläge zu unseren Diensten schicken,
sind wir berechtigt, dieses Feedback und diese
Verbesserungsvorschläge ohne Verpflichtung Ihnen
gegenüber zu nutzen.

Über Software in unseren Diensten

Falls die Nutzung eines Dienstes herunterladbare Software
erfordert oder beinhaltet, kann diese Software automatisch
auf Ihrem Computer aktualisiert werden, sobald eine neue
Version oder Funktion verfügbar ist. Bei einigen Diensten
können Sie die Einstellungen für die automatische
Aktualisierung anpassen.

Google räumt Ihnen das persönliche, weltweite,
unentgeltliche, nicht übertragbare und nicht ausschließliche
Recht zur Nutzung der von Google im Rahmen der Dienste

bereitgestellten Software ein. Diese
Nutzungsrechteeinräumung dient einzig dazu, Ihnen die
Nutzung der von Google bereitgestellten Dienste gemäß
den hier aufgeführten Nutzungsbedingungen zu
ermöglichen. Sie sind nicht berechtigt, irgendeinen Teil
unserer Dienste oder der darin enthaltenen Software zu
vervielfältigen, zu verändern, zu verbreiten, zu verkaufen
oder zu vermieten. Darüber hinaus dürfen Sie diese
Software weder zurückentwickeln (Reverse Engineering)
noch versuchen, deren Quellcode zu extrahieren.
Ausnahmen gelten nur, sofern diese gesetzlich zugelassen
sind oder Sie über eine schriftliche Einwilligung von Google
verfügen.

Open-Source-Software spielt eine wichtige Rolle für uns.
Ein Teil der Software, die in unseren Diensten verwendet
wird, unterliegt gegebenenfalls einer Open-Source-Lizenz,
deren Bedingungen wir Ihnen zur Verfügung stellen. Die
Open-Source-Lizenz kann Bestimmungen enthalten, die
ausdrücklich einigen Regelungen dieser
Nutzungsbedingungen vorgehen.

Änderung und Beendigung unserer Dienste

Wir verändern und optimieren unsere Dienste fortlaufend.
So können wir unter Berücksichtigung der jeweiligen
Interessen beispielsweise Funktionen oder Features
hinzufügen oder entfernen oder zusätzliche oder neue
Beschränkungen für unsere Dienste einführen. Sie können
die Nutzung unserer Dienste jederzeit beenden, auch wenn
wir dies bedauern würden. Ihre Daten gehören Ihnen und
wir halten es für wichtig, dass Sie auf diese Daten zugreifen
können. Sollten wir einen Dienst einstellen, werden wir,
sofern vernünftigerweise möglich, Sie im Voraus darüber
informieren und Ihnen unter Berücksichtigung der
jeweiligen Interessen die Möglichkeit und ausreichend Zeit
geben, Ihre Daten aus diesem Dienst zu exportieren.

Gewährleistung und Haftungsausschluss

Wir stellen unsere Dienste in wirtschaftlich angemessener Weise zur Verfügung und hoffen, dass Sie Freude an der Nutzung haben. Einiges ist jedoch nicht Teil unseres Dienstangebots.

Soweit dies nicht in diesen Nutzungsbedingungen oder in den zusätzlichen Bedingungen ausdrücklich erklärt wird, machen weder Google noch die mit Google verbundenen Unternehmen oder die Lieferanten oder Vertriebspartner von Google spezifische Zusicherungen in Bezug auf die Dienste oder übernehmen in dieser Hinsicht irgendwelche Garantien. Wir machen beispielsweise keine Zusagen bezüglich der Inhalte in den Diensten, hinsichtlich spezifischer Funktionalitäten der Dienste oder deren Zuverlässigkeit, Verfügbarkeit oder Eignung der Dienste für Ihre Zwecke. Wir stellen die Dienste in der jeweils aktuellen Form bereit.

Haftung für unsere Dienste

Bei Vorsatz und grober Fahrlässigkeit, auch der gesetzlichen Vertreter und Erfüllungsgehilfen, haften Sie und Google nach den gesetzlichen Bestimmungen. Das gleiche gilt bei schuldhaft verursachten Schäden aus der Verletzung des Lebens, des Körpers oder der Gesundheit, bei Schäden, die durch das Fehlen einer garantierten Beschaffenheit verursacht wurden, sowie im Falle arglistig verschwiegener Mängel. Bei durch Sie oder Google, deren gesetzlichen Vertreter oder Erfüllungsgehilfen leicht fahrlässig verursachten Sach- und Vermögensschäden ist die Haftung beschränkt auf Fälle der Verletzung einer wesentlichen Vertragspflicht, jedoch der Höhe nach begrenzt auf den bei Vertragsschluss vorhersehbaren und vertragstypischen Schaden. Wesentliche Vertragspflichten sind solche, deren Erfüllung die ordnungsgemäße Durchführung eines Vertrages überhaupt erst ermöglicht und auf deren Einhaltung die Vertragsparteien regelmäßig vertrauen dürfen. Die Haftung nach dem Produkthaftungsgesetz bleibt unberührt. Im Übrigen ist die Haftung von Ihnen und Google ausgeschlossen.

Verwendung unserer Dienste in Unternehmen

Sollten Sie unsere Dienste für ein Unternehmen nutzen,
erklären Sie sich für dieses Unternehmen rechtsverbindlich
mit der Geltung dieser Nutzungsbedingungen
einverstanden. Das Unternehmen hält Google und die mit
Google verbundenen Unternehmen sowie Angestellte,
Vertreter und Mitarbeiter schadlos und stellt sie von
Gerichtsverfahren oder Ansprüchen frei, die im
Zusammenhang mit der Verwendung der Dienste oder dem
Verstoß gegen diese Nutzungsbedingungen entstehen,
einschließlich aller Ansprüche und Kosten aufgrund von
Klagen, Verlusten, Schäden, Gerichtsverfahren und -
urteilen sowie Gerichts- und Anwaltskosten.

Über diese Nutzungsbedingungen

Google kann diese Nutzungsbedingungen oder etwaige
zusätzliche Bedingungen für einen jeweiligen Dienst in
zumutbarer Weise anpassen, um beispielsweise Änderungen
der rechtlichen Rahmenbedingungen oder Änderungen
unserer Dienste zu berücksichtigen. Sie sollten diese
Nutzungsbedingungen daher regelmäßig überprüfen. Wir
werden Hinweise auf Änderungen dieser
Nutzungsbedingungen auf dieser Seite veröffentlichen.
Hinweise auf Änderungen an zusätzlichen Bedingungen
werden wir innerhalb des betreffenden Dienstes
veröffentlichen. Änderungen gelten nicht rückwirkend und
werden frühestens 14 Tage nach ihrer Veröffentlichung
wirksam.

Änderungen hinsichtlich einer neuen Funktion für einen
Dienst oder Änderungen aus rechtlichen Gründen sind
jedoch sofort wirksam. Wenn Sie den geänderten
Nutzungsbedingungen eines Dienstes nicht zustimmen,
müssen Sie die Nutzung dieses Dienstes einstellen.

Im Fall eines Widerspruchs zwischen diesen
Nutzungsbedingungen und zusätzlichen Bedingungen
haben die zusätzlichen Bedingungen im Einzelfall Vorrang.

Diese Nutzungsbedingungen und jegliche Streitigkeiten aus oder im Zusammenhang mit diesen Nutzungsbedingungen unterliegen deutschem Recht unter Ausschluss des UN-Kaufrechts. Diese Rechtswahl trifft keine Aussage hinsichtlich des Rechts, das auf den jeweiligen Dienst selbst anwendbar ist.

Wenn Sie ein Verbraucher sind, gelten für sämtliche Streitigkeiten aus oder im Zusammenhang mit diesen Nutzungsbedingungen hinsichtlich des anwendbaren Gerichtsstandes die gesetzlichen Regelungen

Wenn Sie kein Verbraucher sind, ist der ausschließliche Gerichtsstand für sämtliche Streitigkeiten aus oder im Zusammenhang mit diesen Nutzungsbedingungen Hamburg.

Informationen zur Kontaktaufnahme mit Google finden Sie auf unserer Kontaktseite.

Anlage 2 - Google Play-Nutzungsbedingungen

Anlage 2

Abgerufen von URL:

http://play.google.com/intl/de_de/about/play-terms.html

Abgerufen am: 22. September 2013, 15:00 Uhr

Google Play-Nutzungsbedingungen

1. Einführung

Anwendbare Bestimmungen: Vielen Dank, dass Sie Google Play nutzen. Google Play wird von Google Inc. bereitgestellt ("*Google*", "*wir*" oder "*uns*"), mit Sitz in 1600 Amphitheatre Parkway, Mountain View, CA 94043, USA, und unterliegt den Google-Nutzungsbedingungen ("*Google-Nutzungsbedingungen*"). Google Play ist ein "*Dienst*", wie in den Google-Nutzungsbedingungen definiert. Bei diesen Google Play-Nutzungsbedingungen handelt es sich um zusätzliche Bedingungen, die für die Nutzung von Google Play und den Erwerb von Inhalten von der Google Ireland Limited nach Maßgabe der folgenden Bestimmungen gelten. Ihre Nutzung von Google Play und den darüber verfügbaren digitalen Inhalten unterliegt diesen Google Play-Nutzungsbedingungen und den Google-Nutzungsbedingungen. Diese werden gemeinsam als "*Nutzungsbedingungen*" bezeichnet. Für den Verkauf von Geräten über den Google Play Store (falls verfügbar) gelten separate Verkaufsbedingungen für Geräte, die Sie hier einsehen können.

Zur Nutzung des Google Play Store ist es erforderlich, dass Sie den folgenden Nutzungsbedingungen zustimmen. Bitte lesen Sie die Bedingungen sorgfältig durch. Falls Sie die Nutzungsbedingungen nicht vollständig akzeptieren, dürfen Sie den Google Play Store nicht verwenden.

2. Bereitstellung von Google Play

Erwerb von Google, Erwerb vom Anbieter. Jedes Mal, wenn Sie *Inhalte* (definiert als Datendateien, Apps, geschriebener Text, Software für Mobilgeräte, Musik, Audiodateien oder

Anlage 2 - Google Play-Nutzungsbedingungen

andere Sounddateien, Fotos, Videos oder sonstige Bilder) bei Google Play erwerben, gehen Sie einen separaten Vertrag ein mit entweder:

(a) Google Ireland Limited auf der Grundlage der Nutzungsbedingungen (soweit anwendbar) ("*Erwerb von Google*"); oder

(b) im Falle von Android Apps mit dem jeweiligen Anbieter der App auf der Grundlage der Nutzungsbedingungen des Anbieters (soweit anwendbar) ("*Erwerb vom Anbieter*").

Dieser separate Vertrag nach (a) bzw. (b) besteht zusätzlich zu Ihrem Vertrag mit Google Inc. für die Nutzung des Dienstes auf Grundlage dieser Google Play-Nutzungsbedingungen.

Zugriff auf Inhalte: Sie können Google Play verwenden, um nach Inhalten für Ihr Mobilgerät, Ihren Computer oder ein anderes unterstütztes Gerät ("Gerät") zu suchen und/oder diese herunterzuladen. Die Verfügbarkeit von Inhalten variiert von Land zu Land. Darum stehen möglicherweise nicht alle Inhalte in Ihrem Land zur Verfügung. Einige dieser Inhalte können von Google angeboten werden, während andere von Dritten, die nicht mit Google verbunden sind, zur Verfügung gestellt werden. Google ist nicht für Inhalte bei Google Play verantwortlich, die nicht von Google stammen, und macht sich solche Inhalte auch nicht zu eigen.

3. Ihre Nutzung von Google Play

Altersbeschränkungen: Die Nutzung von Google Play ist nur Personen ab 13 Jahren gestattet. Personen unter 18 Jahren benötigen die Erlaubnis eines Elternteils oder Erziehungsberechtigten, um Google Play verwenden und den Nutzungsbedingungen zustimmen zu können. Sie dürfen nicht auf Google Play zugreifen, wenn Ihnen gemäß den Gesetzen des Landes, in dem Sie Ihren Wohnsitz haben oder von dem aus Sie Google Play aufrufen oder verwenden, der Empfang oder die Nutzung des Dienstes bzw. der Inhalte untersagt oder anderweitig rechtlich verboten ist. Darüber hinaus sind alle zusätzlichen Altersbeschränkungen zu beachten, die für die Nutzung bestimmter Inhalte bei Google Play gelten können.

Grundlegende Nutzungsanforderungen: Zur Nutzung des Dienstes benötigen Sie ein Gerät, das die jeweils gültigen System- und Kompatibilitätsanforderungen für die relevanten Inhalte erfüllt, einen funktionierenden Internetzugang und kompatible Software. Diese Faktoren können sich auf Ihre Möglichkeit zur Verwendung des Dienstes und auf die Funktionalität des Dienstes auswirken. Die Erfüllung dieser Systemanforderungen liegt in Ihrer Verantwortung.

Drittanbieter-Gebühren: Im Zusammenhang mit Ihrer Nutzung von Inhalten und Google Play können Zugriffs- oder Datengebühren bei Drittanbietern anfallen, zum Beispiel bei Ihrem Internetanbieter oder Mobilfunkanbieter. Solche Gebühren können beispielsweise entstehen, wenn Sie über Google Play bereitgestellte Dienste mithilfe von Diensten oder Geräten von Drittanbietern verwenden. Solche Gebühren liegen in Ihrer Verantwortung.

Updates: Von Zeit zu Zeit kann die Installation von kostenlosen Updates für Google Play oder dazugehörige Google-Software erforderlich sein, um Google Play weiterhin in vollem Umfang verwenden sowie Inhalte aufrufen und herunterladen zu können. Inhalte, die von Google stammen, können von Zeit zu Zeit mit den Google-Servern kommunizieren, um die Verfügbarkeit von Updates für die Inhalte und die Funktionalität von Google Play zu überprüfen. Hierzu gehören Fehlerbehebungen, Patches, erweiterte Funktionen, fehlende Plug-ins und neue Versionen (gemeinsam als "*Updates*" bezeichnet). Ihre Nutzung der von Ihnen installierten Inhalte setzt voraus, dass Sie dem Erhalt solcher automatisch angeforderten Updates zugestimmt haben. Wenn Sie solchen automatisch angeforderten und empfangenen Updates nicht zustimmen,

dürfen Sie den Google Play Store nicht verwenden und
diese Inhalte nicht installieren.

Datenschutz: In den <u>Datenschutzbestimmungen von Google</u>
wird erläutert, wie wir mit Ihren personenbezogenen Daten
verfahren und Ihre Daten schützen, wenn Sie Google Play
nutzen.

Unberechtigter Kontozugriff: Sie sind verpflichtet, Ihre
Nutzerdaten sicher zu verwahren und nicht an andere
weiterzugeben. Es ist nicht erlaubt, persönliche Daten
anderer Nutzer von Google Play oder von anderen Google-
Diensten über Google Play zu erfassen oder in Erfahrung
zu bringen. Dazu gehören auch Kontonamen.

Deaktivierung von Konten: Falls Google gemäß den
Nutzungsbedingungen den Zugriff auf Ihr Konto
deaktiviert - beispielsweise im Falle eines Verstoßes gegen
die Nutzungsbedingungen - können Sie möglicherweise
nicht mehr auf Google Play, Ihre Kontodaten sowie
Dateien oder andere Inhalte in Ihrem Konto zugreifen. In
Abschnitt 6 finden Sie Informationen zu Ihren Rechten,
falls es Ihnen nicht möglich ist, Inhalte vor der
Deaktivierung Ihres Kontos herunterzuladen.

4. Erwerb und Zahlung
Kostenlose Inhalte: Bestimmte Inhalte können von Google
kostenlos zum Herunterladen oder Verwenden bereitgestellt
werden. Alle Nutzungsbedingungen, die für
zahlungspflichtige Inhalte gelten, gelten auch für kostenlose
Inhalte, mit Ausnahme zahlungsbezogener Bestimmungen.
So sind beispielsweise die Bestimmungen zu Erstattungen
in diesen Nutzungsbedingungen nicht auf kostenlose
Inhalte anwendbar.

Kostenpflichtiger Erwerb von Inhalten: Ihr Vertrag für den
kostenpflichtigen Erwerb und die Nutzung von Inhalten
wird abgeschlossen, sobald Sie von Google eine
Bestätigungs-E-Mail erhalten. Die Erfüllung des Vertrags
beginnt, sobald der Erwerbsvorgang abgeschlossen ist.

Anlage 2 - Google Play-Nutzungsbedingungen

Google Wallet: Sie benötigen ein Google Wallet-Konto, um
bei Google Play Inhalte zu erwerben. Falls Sie noch kein
Google Wallet-Konto haben, können Sie über diesen
Link ein Konto erstellen. Sie finden dort außerdem weitere
Informationen zu Google Wallet. Die dort angegebenen
Google Wallet-Nutzungsbedingungen gelten nach
Annahme durch Sie, wenn Sie über Google Wallet
Bestellungen vornehmen möchten. Bitte lesen Sie sich diese
Nutzungsbedingungen sorgfältig durch, bevor Sie auf
Google Play Inhalte erwerben.

In den Datenschutzbestimmungen von Google Wallet wird
unser Umgang mit dem Datenschutz in Bezug auf Google
Wallet erläutert.

Andere Möglichkeiten zur Zahlungsabwicklung: Google kann
Ihnen künftig neben Google Wallet weitere Möglichkeiten
zur Zahlungsabwicklung anbieten, um den Erwerb von
Inhalten bei Google Play zu vereinfachen. Alle relevanten
Bedingungen oder anderen rechtlichen Vereinbarungen in
Bezug auf Ihre Nutzung einer bestimmten Methode zur
Zahlungsabwicklung sind einzuhalten, unabhängig davon,
ob sie mit Google oder einem Dritten bestehen. Sobald Ihr
Erwerbsvorgang abgeschlossen ist, kann Google oder der
Zahlungsabwickler Ihre Kreditkarte oder Ihr anderes
Zahlungsmittel, das Sie für eine Bestellung angeben, mit
dem Gesamtbetrag der Bestellung belasten. Sie sind allein
für alle zu zahlenden Beträge im Zusammenhang mit Ihren
Bestellungen bei Google Play verantwortlich.

Abrechnung über den Mobilfunkanbieter: Um festzustellen, ob
Sie Einkäufe mit Ihren Mobilgeräten über Ihr Konto bei
Ihrem Mobilfunkanbieter abrechnen können, sendet
Google Kennzeichnungen Ihres Geräts, Ihre Abonnement-
ID und die Seriennummer der SIM-Karte an Ihren
Netzbetreiber, wenn Sie ein Google Play-Konto auf einem
Gerät erstellen. Dazu ist es erforderlich, dass Sie die
Nutzungsbedingungen des Netzbetreibers akzeptieren. Der
Netzbetreiber kann Google Informationen zu Ihrer
Rechnungsadresse senden, um die Erstellung Ihres Google

Play-Kontos zu ermöglichen. Diese Informationen werden in Übereinstimmung mit der Datenschutzerklärung von Google gespeichert und verwendet.

Preise: Alle auf Google Play angegebenen Preise verstehen sich inklusive Mehrwertsteuer in der jeweils geltenden Höhe und werden Ihnen vor Abgabe Ihrer Bestellung angezeigt. Preise und Verfügbarkeit aller Inhalte bei Google Play können sich jederzeit ändern, bevor Sie auf die Schaltfläche klicken, um Inhalte zu erwerben.

Steuern: Sie sind verantwortlich für alle eventuell anfallenden Steuern. Alle Inhalte sind ohne Steuernachlässe zu bezahlen. Falls ein Verkäufer von Inhalten verpflichtet ist, Steuern zu berechnen bzw. zu zahlen, werden Ihnen diese Steuern berechnet, sofern Sie nicht einen gültigen Nachweis über eine Steuerbefreiung von der zuständigen Steuerbehörde vorlegen (falls zutreffend). "*Steuern*" umfasst alle Gebühren, Zollabgaben oder Steuern (mit Ausnahme der Einkommenssteuer), die mit dem Erwerb von Inhalten verbunden sind. Dazu gehören auch entsprechende Strafzahlungen oder Zinsen.

Einhaltung der Steuervorschriften: Alle geltenden Steuervorschriften sind einzuhalten. Dazu gehören auch die Meldung und Zahlung von Steuern, die sich aus Ihrer Nutzung von Google Play oder dem Erwerb von Inhalten über Google Play ergeben. Die Meldung und Zahlung solcher anfallenden Steuern liegt in Ihrer Verantwortung.

Endgültigkeit des Erwerbs: Soweit dies in den Nutzungsbedingungen (einschließlich der Bestimmungen zum Widerrufsrecht) oder den im Dienst angezeigten Erstattungsrichtlinien nicht ausdrücklich anders angegeben ist, gilt jeder Erwerb von Inhalten als endgültig; Rückgaben, Ersetzungen oder Erstattungen sind nicht zulässig. Falls ein Ersatz, eine Rückgabe oder eine Erstattung für einen Erwerbsvorgang gewährt wird, kann dieser Erwerbsvorgang rückgängig gemacht werden und Sie können möglicherweise nicht mehr auf die Inhalte zugreifen, die Sie im Rahmen

dieses Erwerbsvorgangs erworben haben. Ihre Rechte, den
Erwerb von Inhalten zu widerrufen, zu stornieren oder
zurückzugeben und eine Erstattung zu erhalten, sind in den
nachfolgenden zusätzlichen Bedingungen für den relevanten
Inhaltstyp sowie den innerhalb des Dienstes angegebenen
Erstattungsrichtlinien erläutert. Ihre gesetzlichen Rechte
werden hierdurch nicht berührt.

5. Abonnements und Tests
Testabonnements für Zeitschriften: Wenn Sie ein
Testabonnement für eine Zeitschrift abschließen, können
Sie für einen bestimmten Testzeitraum die
Abonnementleistungen für diese Zeitschrift nutzen. Nach
Ende der Testphase wird Ihnen der Preis für den ersten
Abonnementzeitraum berechnet. Dies wird so lange
fortgesetzt, bis Sie das Abonnement beenden. Damit Ihnen
keine Kosten entstehen, müssen Sie das Abonnement vor
dem Ende der Testphase gemäß dem in der Google Play-
Hilfe beschriebenen Ablauf kündigen. Wenn Sie während
der Testphase kündigen, haben Sie weiterhin Zugriff auf die
Inhalte, die Sie während dieser Testphase erhalten.
Testabonnements können nur ein Mal pro Nutzer und
Zeitschrift abgeschlossen werden.

Testversionen von Apps: Wenn Sie eine Testversion einer
Android App erwerben, können Sie für einen vom App-
Entwickler angegebenen Testzeitraum die
Abonnementleistungen für diese App nutzen. Nach Ende
der Testphase wird Ihnen der Preis für den ersten
Abonnementzeitraum berechnet. Dies wird so lange
fortgesetzt, bis Sie das Abonnement beenden. Damit Ihnen
keine Kosten entstehen, müssen Sie vor dem Ende der
Testphase gemäß dem in der Google Play-
Hilfe beschriebenen Ablauf kündigen. Sobald Sie die
Testversion kündigen, haben Sie keinen Zugriff mehr auf
die App und die Abonnementleistungen.

Beendigung Wenn Sie ein automatisch wiederkehrendes,
regelmäßiges Abonnement erwerben (unabhängig davon,
ob monatlich, jährlich oder mit einer anderen Laufzeit),

können Sie dieses Abonnement jederzeit vor dem Ende des laufenden Zahlungszyklus kündigen. Die Kündigung gilt ab der nächsten Laufzeit. Falls Sie zum Beispiel ein monatliches Abonnement erwerben, können Sie dieses Abonnement jederzeit während jedes Monats dieses Abonnements kündigen und die Kündigung gilt ab dem nächsten Monat. Für den laufenden Abrechnungszeitraum erhalten Sie keine Erstattung. Sie erhalten während des laufenden Abrechnungszeitraums weiterhin Ausgaben und Updates des betreffenden Abonnements, und Ihr Zugriff darauf ist von der Kündigung nicht betroffen. Zusätzliche Erstattungsrichtlinien für Zeitschriften sind in Abschnitt 10 unten erläutert.

Preisänderungen: Beim Erwerb eines Abonnements wird Ihnen zunächst der Preis berechnet, der zum Zeitpunkt des Abschlusses des Abonnements gültig ist. Sollte der Anbieter den Preis für das Abonnement später erhöhen, erhalten Sie eine Nachricht von Google, die den erhöhten Preis sowie Informationen über das Kündigungsrecht und die Kündigungsfrist enthält. Die Erhöhung gilt ab der nächsten fälligen Zahlung nach der Benachrichtigung, vorausgesetzt, dass Sie mindestens 10 Tage vor dieser nächsten Abrechnung informiert wurden. Falls Sie weniger als 10 Tage vorher informiert werden, gilt die Preiserhöhung erst ab der Zahlung nach der nächsten fälligen Zahlung.

Ablehnung von Preisänderungen: Wenn Sie den erhöhten Preis für ein Abonnement nicht zahlen möchten, können Sie das Abonnement gemäß dem in der Google Play-Hilfe beschriebenen Ablauf kündigen. Ihnen werden dann keine weiteren Beträge für dieses Abonnement berechnet, sofern Sie uns vor dem Ende des laufenden Abrechnungszeitraums benachrichtigt haben. In einigen Fällen ist es möglich, dass Google Ihr Abonnement bei einer Preiserhöhung durch den Anbieter kündigt, sofern Sie nicht dem erneuten Abonnement zu dem neuen Preis zustimmen. Falls Ihr Abonnement gekündigt wird und Sie später ein erneutes Abonnement abschließen möchten, wird Ihnen der zu diesem Zeitpunkt gültige Preis berechnet.

6. Rechte und Einschränkungen

Lizenz zur Nutzung von Inhalten: Nach der Zahlung der
entsprechenden Gebühren für Inhalte verfügen Sie - im
Falle einer Leihe für den von Ihnen ausgewählten Zeitraum
- über das nicht exklusive Recht, Kopien der
entsprechenden Inhalte auf Ihre Geräte herunterzuladen
oder zu streamen, soweit dies jeweils von Google
ausdrücklich über die Google Play-Benutzeroberfläche
erlaubt wurde und den in den Nutzungsbedingungen und
relevanten Richtlinien beschriebenen Beschränkungen
entspricht. Sie dürfen diese Inhalte für private, nicht
kommerzielle Zwecke auf Ihren Geräten bzw. gemäß der
Autorisierung durch Google im Rahmen des Dienstes
ansehen, verwenden und anzeigen. Alle Rechte in Bezug auf
Google Play und dessen Inhalte, die Ihnen nicht
ausdrücklich im Rahmen der Nutzungsbedingungen
gewährt werden, verbleiben bei Google und dessen
Lizenzgebern.

Verletzung der Nutzungsbedingungen: Falls Sie gegen die
Nutzungsbedingungen verstoßen, enden Ihre Rechte im
Rahmen dieser Lizenz unmittelbar. Darüber hinaus kann
Google in diesem Fall Ihren Zugriff auf Google Play, die
Inhalte und/oder Ihr Google-Konto beenden, ohne dass
ein Anspruch auf Erstattung besteht.

Keine öffentliche Darstellung: Sie sind nicht berechtigt, Inhalte
vollständig oder teilweise im Rahmen einer öffentlichen
Aufführung oder Darstellung zu zeigen, selbst wenn keine
Gebühr dafür verlangt wird. Ausgenommen sind
Verwendungen, die keine Urheberrechte oder anderen
geltenden Rechte verletzen. Die Verwendung eines Tools
oder einer Funktion, das/die als autorisierter Teil von
Google Play bereitgestellt wird, ist zulässig, solange diese
Verwendung genau der von Google angegebenen und
zugelassenen Nutzung entspricht. Zu solchen Tools und
Funktionen gehört beispielsweise die in den nachfolgenden
Google Music-Bestimmungen definierte Funktion für
Empfehlungen in sozialen Netzwerken.

Veräußerung, Verteilung oder Übertragung an Dritte: Sie dürfen Inhalte nicht ohne Autorisierung veräußern, vermieten, verpachten, weiterverteilen, öffentlich darstellen, übertragen, übermitteln, ändern, unterlizenzieren oder Ihre Rechte daran an Dritte übertragen oder abtreten. Dazu gehören auch alle Downloads von Inhalten, die Sie über Google Play erhalten. Die Nutzung eines Tools oder einer Funktion, das/die als autorisierter Teil von Google Play zur Verfügung gestellt wird (z.B. "Empfehlungen in sozialen Netzwerken") steht dieser Bestimmung nicht entgegen, sofern Sie das Tool/die Funktion exakt in der von Google angegebenen und zugelassenen Art und Weise verwenden.

Aufzeichnung von Streams: Sie dürfen Google Play bzw. die Inhalte nicht in Verbindung mit Software zum Kopieren oder Aufzeichnen von Streams oder ähnlicher Software verwenden, um Inhalte, die als Stream bereitgestellt werden, aufzuzeichnen oder zu kopieren.

Weitergabe: Inhalte als Teil eines Dienstes dürfen nicht weitergegeben, verliehen, mit mehreren Personen oder für irgendeine andere Einrichtung verwendet werden, ausgenommen exakt in der Art und Weise, wie sie von Google angegeben und zugelassen wurde (z. B. durch "Empfehlungen in sozialen Netzwerken").

Sicherheitsfunktionen: Sie dürfen weder selbst versuchen noch andere unterstützen, autorisieren oder ermutigen, die Sicherheitsfunktionen oder -komponenten, wie etwa Digital Rights Management-Software oder Verschlüsselungen, die Inhalte bzw. Google Play schützen, zu umgehen, zu deaktivieren oder abzustellen. Die Verletzung einer Sicherheitsfunktion kann zivil- oder strafrechtliche Folgen nach sich ziehen.

Eigentumshinweise: Es ist nicht zulässig, Wasserzeichen, Labels oder andere rechtliche oder eigentumsrechtliche Hinweise in Inhalten zu entfernen. Darüber hinaus dürfen Sie nicht versuchen, über Google Play erhaltene Inhalte zu verändern, einschließlich aller Veränderungen zum Zweck

Anlage 2 - Google Play-Nutzungsbedingungen

des Verbergens oder Änderns von Angaben zur
Eigentümerschaft oder Herkunft von Inhalten.

Nutzung von Android Apps: Apps bei Google Play sind in
Übereinstimmung mit den jeweils gültigen Geschäfts- und
Programmrichtlinien von Google Play zu verwenden. Die
aktuelle Version dieser Richtlinien finden Sie hier.

Fehlerhafte Inhalte: Nachdem Inhalte in Ihrem Konto
verfügbar sind, sollten Sie diese Inhalte baldmöglichst dahin
gehend überprüfen, ob sie ordnungsgemäß heruntergeladen
bzw. gestreamt und wie angegeben verwendet werden
können. Bei Fehlern oder Mängeln besuchen Sie bitte die
Google Play-Hilfe. Ihre gesetzlichen Ansprüche werden
dadurch nicht berührt. Im Falle von Android Apps sollten
Sie sich bei Mängeln oder Funktionsproblemen an den
Entwickler der App wenden, der in diesem Fall Ihr
Vertragspartner ist. Informationen hierzu finden Sie in
der Google Play-Hilfe.

Auswirkungen von Erstattungen: Falls Sie von Google eine
Erstattung des Preises für Inhalte erhalten, sind Sie nicht
mehr berechtigt, auf die relevanten Inhalte zuzugreifen.

Auswählen, Kopieren und Einfügen: Für einige textbasierte
Inhalte können Funktionen zum Auswählen, Kopieren und
Einfügen verfügbar sein. Diese Funktionen dürfen nur
innerhalb des angegebenen Umfangs und nur für
persönliche, nicht kommerzielle Zwecke verwendet werden.

Mehrere Konten: Falls Sie über mehrere Google-Konten mit
verschiedenen Nutzernamen verfügen, können Sie in
einigen Fällen Inhalte zwischen Konten übertragen, falls Sie
der Inhaber aller betroffenen Konten sind und falls Google
im Rahmen des Dienstes eine Funktion für solche
Übertragungen bereitgestellt hat.

Zugriffsbeschränkungen für Geräte: Google kann von Zeit zu
Zeit Beschränkungen bezüglich der Anzahl an Geräten

und/oder Softwareanwendungen festlegen, über die Sie auf Inhalte zugreifen können. Weitere Informationen hierzu finden Sie in der Hilfe für die relevanten Inhalte innerhalb von Google Play. Google wird gegebenenfalls zum Zweck der Umsetzung solcher Beschränkungen die eindeutigen Gerätekennungen Ihrer Geräte erfassen und speichern.

Änderungen dieser Nutzungsbedingungen:

Falls sich die Nutzungsbedingungen ändern, werden Sie vor Ihrem nächsten Erwerb von Inhalten bei Google Play gebeten, die neuen Nutzungsbedingungen zu akzeptieren. Sobald Sie die neuen Nutzungsbedingungen akzeptiert haben, gelten diese für Ihre Nutzung aller Inhalte (einschließlich bereits erworbener Inhalte) und alle nachfolgenden Käufe, bis Sie über weitere Änderungen unterrichtet werden.

Falls Sie die aktualisierten Bedingungen nicht akzeptieren, können Sie keine weiteren Inhalte über Google Play erwerben und die letzte von Ihnen akzeptierte Version dieser Nutzungsbedingungen gilt weiterhin für Ihre Nutzung der Inhalte. In diesem Fall räumt Google Ihnen einen Zeitraum von 30 Tagen ein, in dem Sie eine Kopie aller Inhalte, die Sie zuvor bei Google Play erworben haben, auf Ihr Gerät herunterladen können. Sie können diese Kopie der Inhalte dann in Übereinstimmung mit der letzten von Ihnen akzeptierten Version der Nutzungsbedingungen weiterhin auf Ihren Geräten aufrufen.

Nach Ablauf dieses Zeitraums ist das Herunterladen Ihrer erworbenen Inhalte nicht mehr möglich. Zudem können Sie Google Play möglicherweise nicht mehr verwenden, um Ihre erworbenen Inhalte oder zugehörige Support-Dienste aufzurufen oder zu verwenden. In diesem Fall erhalten Sie von Google entweder einen Ersatz für die Inhalte oder eine Erstattung des Preises. Darüber hinaus ist es möglicherweise erforderlich, dass Sie ein neues Konto erstellen, um Ihre bei Google Play erworbenen Inhalte bzw. zugehörige Support-Dienste aufzurufen oder zu verwenden.

7. Musik bei Google Play

Einführung: Google Play umfasst bestimmte musikbezogene Dienste, die nachfolgend genauer beschrieben sind und als "*Musikdienste*" definiert werden.

Google Music-Inhalte: Im Google Play Store können Sie eine Vielzahl digitaler Musikinhalte und musikbezogener Inhalte durchsuchen, in der Vorschau anzeigen, streamen, kaufen, herunterladen, empfehlen und verwenden. Dazu gehören unter anderem Musikdateien, Musikvideo-Dateien, Auszüge, Clips, Künstlerinformationen, Erfahrungsberichte von Nutzern, Musikrezensionen von professionellen Dritten und andere digitale Inhalte ("*Google Music-Inhalte*"). Google Music-Inhalte sind Eigentum von Google oder dessen Partnern und Lizenzgebern und können Wasserzeichen oder andere eingebettete Daten enthalten.

Gespeicherte Inhalte: Sie können mit Google Play auch digitale Inhalte, wie Musikdateien, zugehörige Metadaten und Albumcover, über die Musiksoftware im Musikspeicher (wie nachfolgend definiert) in Übereinstimmung mit den gesetzlichen Bestimmungen und diesen Nutzungsbedingungen speichern ("*gespeicherte Inhalte*"). Zur Klarstellung: "Google Music-Inhalte" schließen keine gespeicherten Inhalte ein. Gespeicherte Inhalte können sich sowohl auf Dateien beziehen, die Sie direkt in den Musikspeicher hochladen, als auch auf Dateien, die Google zu Dateien "scant und matcht", die lokal auf Ihrem Gerät gespeichert sind.

Musikdienste: Google Play kann Ihnen Zugang zu (a) Speicherplatz auf einem Server zur Verfügung stellen, in dem Sie Musik und dazugehörige Datendateien wie Musikinhalte und gespeicherte Inhalte ablegen können ("*Musikspeicher*"), und/oder zu (b) Softwareanwendungen (einschließlich Web-, Desktop- und mobiler Anwendungen) und dazugehörigen Diensten bereitstellen, mit denen Sie Musik über den Musikspeicher hochladen, verwalten, aufrufen und wiedergeben können ("*Musiksoftware*"). Musikspeicher und Musiksoftware werden in den

Anlage 2 - Google Play-Nutzungsbedingungen

Nutzungsbedingungen gemeinsam als "*Musikdienste*" bezeichnet.

Nutzung der Musikdienste: Beim Speichern von Musikinhalten und gespeicherten Inhalten im Musikspeicher erstellen Sie eine einzelne Kopie dieser Inhalte. Google speichert diese für Sie in Ihrem Auftrag und hält sie über Ihr Google-Konto für Sie verfügbar. Durch die Nutzung der Musikdienste weisen Sie Google an, alle notwendigen Merkmale und Funktionen der Musikdienste bereitzustellen, um Ihnen die Verwendung der Musikinhalte und gespeicherten Inhalte zu erleichtern. Wenn Sie darüber hinaus Musikinhalte und gespeicherte Inhalte mithilfe der Musiksoftware aufrufen oder verwenden, werden die entsprechenden technischen Funktionen zusammen mit allen zur Ausführung erforderlichen Schritten über die Musikdienste auf den Google-Servern initiiert und durchgeführt. Google kann im Rahmen der Ausübung der von Ihnen angeforderten, notwendigen technischen Schritte zur Bereitstellung der Musikdienste (a) Musikinhalte und gespeicherte Inhalte über verschiedene Netzwerke und in verschiedene Medien übertragen und (b) Änderungen an den Musikinhalten und gespeicherten Inhalten vornehmen, die notwendig sind, um diese Inhalte an die technischen Anforderungen verbundener Netzwerke, Geräte, Dienste oder Medien anzupassen. Sie gewährleisten gegenüber Google, dass Sie über die erforderlichen Rechte verfügen, gespeicherte Inhalte im Musikspeicher zu speichern, die Sie Google anweisen, im Musikspeicher hochzuladen oder zu speichern und die in diesem Abschnitt beschriebenen Handlungen durchzuführen. Sie verpflichten sich, keine rechtswidrigen Inhalte in den Musikspeicher hochzuladen.

Widerruf/Rückgängigmachung: Da die Google Music-Inhalte aufgrund ihrer Beschaffenheit nicht für eine Rücksendung geeignet sind, besteht kein gesetzliches Widerrufsrecht gemäß § 312 d Absatz 4 Nr. 1 BGB. Google gewährt Ihnen jedoch freiwillig das Recht, den Vertrag über den Erwerb der Google Music-Inhalte innerhalb einer Frist von sieben Werktagen gegen eine Erstattung rückgängig zu machen, beginnend nach dem Tag, an dem Ihnen der Google Music-Inhalt erstmals zum Herunterladen oder Streamen zur Verfügung steht. Sobald Sie gekaufte Google Music-Inhalte jedoch herunterladen oder streamen, erlischt Ihr Recht zur Rückgängigmachung des Kaufes dieser Google Music-Inhalte.

Empfehlungen in sozialen Netzwerken: Wenn Sie Google Music-Inhalte kaufen, haben Sie eventuell die Möglichkeit, die gesamten oder einen Teil der Inhalte über Ihr Profil auf Google+ oder andere zugelassene soziale Netzwerke oder Websites zu teilen ("*Empfehlung in sozialen Netzwerken*"). Eine Verpflichtung von Google hierzu besteht jedoch nicht. Ihre Nutzung der Empfehlungen in sozialen Netzwerken unterliegt diesen Nutzungsbedingungen sowie allen anderen Nutzungsbedingungen, die für die sozialen Netzwerke oder Websites gelten, mit denen Sie diese Empfehlungen teilen. Google kann in Bezug auf Inhalte aus Google Play die Nutzung der Empfehlungen in sozialen Netzwerken einschränken. So kann Google beispielsweise den empfohlenen Google Music-Inhalt als zeitlich beschränkten Auszug statt in voller Länge bereitstellen.

Rechte an gespeicherten Inhalten: Sie behalten alle Rechte an gespeicherten Inhalten, die Sie bereits innehatten. Zur Klarstellung: Gespeicherte Inhalte unterliegen nicht der Lizenzgewährung an Google im Abschnitt "Ihre Inhalte in unseren Diensten" der Google-Nutzungsbedingungen.

Geografische Einschränkungen: Die Musikdienste und Musikinhalte sind momentan nur in einigen Ländern verfügbar. Sie stimmen zu, keine falschen, ungenauen oder irreführenden Informationen bereitzustellen, um sich fälschlicherweise als Einwohner eines der unterstützten Länder auszugeben, und nicht zu versuchen, die Beschränkungen hinsichtlich des Zugriffs auf oder die Verfügbarkeit der Musikdienste oder Musikinhalte zu umgehen.

Anlage 2 - Google Play-Nutzungsbedingungen

Einhaltung der Einstellungen: Alle Einstellungen oder
Parameter, die von Google oder einem
Urheberrechtsinhaber in Bezug auf Google Music-Inhalte
festgelegt wurden, müssen beachtet und eingehalten
werden. So kann Google oder ein Urheberrechtsinhaber
beispielsweise Fehler in Google Music-Inhalten korrigieren,
zusätzliche Funktionen hinzufügen oder die
Sicherheitseinstellungen oder die regionale Verfügbarkeit
der Google Music-Inhalte ändern. Im Falle solcher
Änderungen können die Google Music-Inhalte automatisch
aktualisiert werden.

Drittanbieter-Bestimmungen: Vorbehaltlich gegensätzlicher
Bestimmungen in den Nutzungsbedingungen gelten Dritte,
die ihre Musikinhalte oder anderen Inhalte an Google als
Google Music-Inhalte oder für eine andere Verwendung in
Verbindung mit dem Google Play Store lizenzieren
(einschließlich Anbietern im Falle von
Vertretungsverkäufen), nur als begünstigte Dritte gemäß
den Nutzungsbedingungen in Bezug auf die spezifischen
Bestimmungen der Nutzungsbedingungen, die ihre Inhalte
direkt betreffen ("*Drittanbieter-Bestimmungen*"). Dies gilt
zudem ausschließlich zu dem Zweck, diesen Dritten die
Durchsetzung ihrer Rechte an diesen Inhalten zu
ermöglichen. Durch keinen Teil dieser
Nutzungsbedingungen ergibt sich ein Recht für begünstigte
Dritte in Bezug auf eine Partei außerhalb der Drittanbieter-
Bestimmungen. Dazu gehören unter anderem alle
Bestimmungen oder Vereinbarungen, die durch Verweis
Bestandteil der Nutzungsbedingungen sind oder auf die
lediglich Bezug genommen wird.

Software und Daten von Drittanbietern: Informationen zu
Software, einschließlich Open Source-Software, und Daten
von Drittanbietern innerhalb der Musikdienste finden Sie
hier.

Lizenzierungspartner: Wenn Sie mehr über einige unserer
Partner erfahren möchten, mit denen wir

zusammenarbeiten, um Ihnen Musik auf Google Play anzubieten, besuchen Sie bitte diese Seite.

8. Books auf Google Play

Datenschutzbestimmungen: In der Datenschutzerklärung für Books auf Google Play ist beschrieben, wie wir mit personenbezogenen und bestimmten anderen Informationen umgehen, wenn Sie Buchinhalte auf Google Play nutzen (*"Books-Inhalte"*).

Geräteanforderungen: Informationen zu den Systemanforderungen erhalten Sie hier. Dort finden Sie auch Angaben dazu, welche Geräte mit dem Dienst kompatibel sind und zum Kaufen und Abrufen von Books-Inhalten verwendet werden können.

Aktualisierungen für Books-Inhalte: Google oder die Urheberrechtsinhaber von Books-Inhalten können diese Books-Inhalte von Zeit zu Zeit aktualisieren und die Einstellungen bezüglich der digitalen Rechte für solche Inhalte ändern. So können Google bzw. die Urheberrechtsinhaber beispielsweise Fehler in den Books-Inhalten korrigieren, zusätzliche Funktionen hinzufügen oder die Sicherheitseinstellungen für diese Inhalte ändern. Im Falle solcher Änderungen werden Ihre Books-Inhalte automatisch aktualisiert. Dies gilt nicht, wenn Sie eine Kopie der Books-Inhalte auf ein Gerät heruntergeladen haben. Ihre gesetzlichen Rechte werden hierdurch nicht eingeschränkt.

Widerruf/Rückgängigmachung: Da die Books-Inhalte aufgrund ihrer Beschaffenheit nicht für eine Rücksendung geeignet sind, besteht kein gesetzliches Widerrufsrecht gemäß § 312 d Absatz 4 Nr. 1 BGB. Google gewährt Ihnen jedoch freiwillig das Recht, den Vertrag über den Erwerb von Books-Inhalten innerhalb einer Frist von sieben Werktagen gegen eine Erstattung rückgängig zu machen, beginnend nach dem Tag, an dem Ihnen der Books-Inhalt zum Lesen erstmals zur Verfügung steht. Nachdem Google eine Erstattung an Sie vorgenommen hat, wird die Transaktion rückgängig gemacht und Sie können nicht mehr auf die betreffenden Books-Inhalte zugreifen.

Vorbestellung:

(a) Wenn Sie (falls verfügbar) eine Vorbestellung für Books-Inhalte aufgeben, wird Ihr Vertrag für den Kauf und die Nutzung dieses Artikels wirksam, sobald die Books-Inhalte in Ihrem Konto verfügbar sind. Die Vorbestellung kann ab diesem Zeitpunkt nicht mehr storniert werden. Sobald die Books-Inhalte in Ihrem Konto zur Verfügung stehen, gelten die vorstehenden Widerrufs-/Rückgabemöglichkeiten.

(b) Wenn Sie Books-Inhalte vorbestellen, werden diese automatisch in Ihrer Online-Bibliothek bereitgestellt, sobald sie zum Lesen verfügbar sind. Zu diesem Zeitpunkt erfolgt auch die Abrechnung für den Einkauf.

(c) Sie können eine Vorbestellung jederzeit bis zu dem Zeitpunkt stornieren, an dem die Books-Inhalte zum Lesen verfügbar werden. Eine Stornierung können Sie über die Seite "Meine Bestellungen" in Ihrem Konto vornehmen. Weitere Informationen erhalten Sie in den obigen Nutzungsbedingungen. Wenn Ihnen die vorbestellten Books-Inhalte zum Lesen zur Verfügung stehen, haben Sie dieselben Widerrufs-/Rückgabemöglichkeiten wie für andere Books-Inhalte, die Sie gekauft haben (wie vorstehend beschrieben).

(d) Es kann vorkommen, dass wir eine Vorbestellung stornieren müssen, beispielsweise in folgenden Fällen: Wenn der Preis für die Books-Inhalte sich zwischen dem Zeitpunkt Ihrer Vorbestellung und dem Zeitpunkt der Bereitstellung der Inhalte in Ihrem Konto geändert hat; wenn der Verlag der Books-Inhalte uns auffordert, die Inhalte aus dem Verkauf zu entfernen; wenn Ihre Zahlung für die Books-Inhalte nicht verarbeitet werden konnte oder wenn wir gesetzlich dazu verpflichtet sind. In diesem Fall wird Ihre Vorbestellung storniert.

9. Filme & TV bei Google Play

Einführung: Google Play umfasst bestimmte audiovisuelle Dienste auf Abruf, die als "*Videodienste*" definiert werden. In den Nutzungsbedingungen werden Inhalte, die zur Bestellung über die Videodienste angeboten werden, als "*Videoinhalte*" bezeichnet.

Bestelloptionen: Wenn Sie Videoinhalte über den Dienst bestellen, können Sie entweder (i) die Videoinhalte innerhalb des Zeitraums, der zum Zeitpunkt der Zahlung auf der Transaktionsseite sowie in Ihrer Bestätigungs-E-Mail angegeben ist ("*Wiedergabezeitraum*"), beliebig oft ansehen ("*Leihvideo*") oder (ii) falls möglich, die Videos in dem Ihnen zur Verfügung gestellten Speicherplatz auf einem Server ("*Videospeicher*") speichern und beliebig oft ansehen, solange die Videos in dem Videospeicher verfügbar sind ("*Kaufvideos*").

Wiedergabezeitraum - Leihvideos: Durch das Pausieren, Stoppen oder Zurückspulen eines Leihvideos wird der Wiedergabezeitraum für dieses Leihvideo nicht verlängert. Jedes Leihvideo kann einen unterschiedlichen Wiedergabezeitraum aufweisen. Der Wiedergabezeitraum wird Ihnen vor der Bestellung angezeigt.

Wiedergabezeitraum - Kaufvideos: Alle Videos im Videospeicher stehen zur unbegrenzten Wiedergabe zur Verfügung ("*Nutzungszeitraum*"). Durch Pausieren, Stoppen oder Zurückspulen eines Videos im Videospeicher wird der Nutzungszeitraum nicht verlängert.

Voraussetzungen für die Wiedergabe: Videoinhalte dürfen nur in den Regionen online abgerufen werden, in denen Google die entsprechenden Videoinhalte zugänglich macht. Sie können Videos (1) online wiedergeben, wenn Sie über eine Internetverbindung verfügen und in Ihrem Google-Konto angemeldet sind, oder (2) offline über ein zuvor autorisiertes Gerät wiedergeben. Zur Autorisierung eines Geräts für die Wiedergabe von Videos müssen Sie online sein.

Anlage 2 - Google Play-Nutzungsbedingungen

Gerätebeschränkungen - Leihvideos: Jedes Leihvideo darf nur auf einem Gerät gleichzeitig angesehen werden, entweder online oder über ein autorisiertes Offline-Gerät.

Wiedergabebeschränkungen - Kaufvideos: Bei Videoinhalten im Videospeicher dürfen Sie (1) nur einen Stream pro Kaufvideo gleichzeitig wiedergeben, (2) bis zu drei Kaufvideos gleichzeitig als Stream wiedergeben, (3) bis zu fünf Geräte für die Offline-Wiedergabe von Kaufvideos gleichzeitig autorisieren (zur Autorisierung weiterer Geräte muss zuvor eines dieser fünf Geräte deaktiviert werden), (4) dasselbe Gerät nur dreimal innerhalb von 12 Monaten autorisieren und zweimal innerhalb von 12 Monaten deaktivieren, (5) alle 90 Tage maximal zwei Geräte für die Offline-Wiedergabe deaktivieren und (6) nicht mehr als drei Google-Konten auf demselben Gerät autorisieren.

Widerruf/ Rückgängigmachung - Kaufvideos: Da die Videoinhalte im Videospeicher aufgrund ihrer Beschaffenheit nicht für eine Rücksendung geeignet sind, besteht kein gesetzliches Widerrufsrecht gemäß § 312 d Absatz 4 Nr. 1 BGB. Google gewährt Ihnen jedoch freiwillig das Recht, den Vertrag über den Erwerb der nicht angesehenen Kaufvideos innerhalb einer Frist von sieben Werktagen gegen eine Erstattung rückgängig zu machen.

Widerruf/ Rückgängigmachung - Leihvideos:

Wenn Sie ein Verbraucher im Sinne von § 13 BGB sind, gilt für Sie das nachfolgende Widerrufsrecht.

Widerrufsbelehrung für Leihvideos

Sie können Ihre Vertragserklärung innerhalb von 14 Tagen ohne Angabe von Gründen in Textform (z. B. Brief, Fax, E-Mail) widerrufen. Die Frist beginnt nach Erhalt dieser Belehrung in Textform, jedoch nicht vor Vertragsschluss und auch nicht vor Erfüllung unserer Informationspflichten gemäß Artikel 246 § 2 in Verbindung mit § 1 Absatz 1 und 2 EGBGB sowie unserer Pflichten gemäß § 312 g Absatz 1 Satz 1 BGB in Verbindung mit

Anlage 2 - Google Play-Nutzungsbedingungen

Artikel 246 § 3 EGBGB. Zur Wahrung der Widerrufsfrist genügt die rechtzeitige Absendung des Widerrufs. Der Widerruf ist zu richten an:

Google Ireland Limited Barrow Street Dublin 4 Ireland

googleplay-support@google.com

Widerrufsfolgen

Im Falle eines wirksamen Widerrufs sind die beiderseits empfangenen Leistungen zurückzugewähren und ggf. gezogene Nutzungen (z. B. Zinsen) herauszugeben. Können Sie uns die empfangene Leistung sowie Nutzungen (z. B. Gebrauchsvorteile) nicht oder teilweise nicht oder nur in verschlechtertem Zustand zurückgewähren beziehungsweise herausgeben, müssen Sie uns insoweit Wertersatz leisten. Dies kann dazu führen, dass Sie die vertraglichen Zahlungsverpflichtungen für den Zeitraum bis zum Widerruf gleichwohl erfüllen müssen. Verpflichtungen zur Erstattung von Zahlungen müssen innerhalb von 30 Tagen erfüllt werden. Die Frist beginnt für Sie mit der Absendung Ihrer Widerrufserklärung, für uns mit deren Empfang.

Besondere Hinweise Ihr Widerrufsrecht erlischt vorzeitig, wenn der Vertrag von beiden Seiten auf Ihren ausdrücklichen Wunsch vollständig erfüllt ist, bevor Sie Ihr Widerrufsrecht ausgeübt haben.

Ende der Widerrufsbelehrung

10. Magazines auf Google Play
Ermäßigungen für Print-Abonnenten: Bei einigen Anbietern erhalten Sie möglicherweise Rabatt auf ein Zeitschriftenabonnement bei Google Play, wenn Sie bereits Abonnent der Print-Ausgabe sind. Falls Sie Ihr Print-Abonnement der Zeitschrift beenden oder Ihr Print-Abonnement ausläuft und Sie es nicht verlängern, wird Ihr ermäßigtes Abonnement für diesen Inhalt bei Google Play automatisch beendet.

Anlage 2 - Google Play-Nutzungsbedingungen

Erstattungen: Wenn Sie eine Erstattung erhalten, kann
Google eine Erstattung für die gesamte Laufzeit oder eine
Teilerstattung für Ausgaben gewähren, die während der
restlichen Laufzeit nicht erhalten wurden. Nachdem Sie eine
Erstattung von Google erhalten haben, können Sie nicht
mehr auf die betreffenden Ausgaben der relevanten
Zeitschrift zugreifen, die Sie während des erstatteten
Zeitraums erhalten haben. Im Falle einer Teilerstattung gilt
dies für alle Ausgaben der relevanten Zeitschrift, die Sie
noch nicht erhalten haben. Falls Zeitschrifteninhalte nicht
mehr bei Google Play verfügbar sind, etwa weil ein Titel
eingestellt oder an einen anderen Verlag verkauft wird, der
keine Zeitschriften bei Google Play anbietet, erhalten Sie
von Google eine Erstattung. Dabei kann es sich um eine
Erstattung für die aktuelle Laufzeit oder eine Teilerstattung
für Ausgaben handeln, die während der aktuellen Laufzeit
noch nicht erhalten wurden.

*Informationen, die Google an Herausgeber von Zeitschriften
weitergibt:* Wenn Sie ein Abonnement beliebiger Länge für
eine Zeitschrift bei Google Play erwerben, wird Google Ihre
Einwilligung einholen, um Ihren Namen, Ihre E-Mail-
Adresse, Anschrift und eine eindeutige Kennzeichnung an
den Herausgeber der Zeitschrift weitergeben zu können.
Google hat mit dem Herausgeber der Zeitschrift vereinbart,
dass diese Informationen von ihm in Übereinstimmung mit
dessen Datenschutzerklärung verwendet werden. Sie
können zum Zeitpunkt des Erwerbs Ihres Abonnements
festlegen, dass Sie keine Benachrichtigungen von dem
Herausgeber, die sich nicht auf Ihr Abonnement beziehen,
und keine Marketing-Benachrichtigungen von Dritten
erhalten möchten. Wenn Sie eine einzelne Ausgabe einer
Zeitschrift bei Google Play kaufen, kann Google Ihre
Postleitzahl an den Herausgeber der Zeitschrift
weitergeben. Die Zeitschriftenherausgeber erhalten zudem
Vertriebsinformationen zu den Verkäufen ihrer
Zeitschriften.

Überprüfung von Print-Abonnements: Falls Sie ein
Zeitschriftenabonnement bei Google Play über ein

bestehendes Print-Abonnement bei dem Herausgeber dieser
Zeitschrift abschließen möchten, kann Google einen
Drittanbieter beauftragen, Ihr Print-Abonnement bei dem
Herausgeber zu überprüfen, und Sie zu diesem Zweck um
bestimmte Angaben zu Ihrem Print-Abonnement bitten.
Diese Informationen werden in Übereinstimmung mit
der Datenschutzerklärung von Google verwendet.

Anlage 3 -Google Play - Geschäfts- und
Programmrichtlinien

Anlage 3

Abgerufen von URL:

http://play.google.com/intl/de_de/about/play-terms.html

Abgerufen am: 22. September 2013, 23:30 Uhr

Google Play - Geschäfts- und Programmrichtlinien

1. Einführung
Google Play ("Google Play") ist Eigentum von Google Inc.
und wird von diesem Unternehmen betrieben.

> Ihre Verwendung von Google Play unterliegt Ihrer
> Zustimmung zu den nachfolgend dargelegten Richtlinien.
> Diese können von Zeit zu Zeit aktualisiert werden.

2. Google Play-Geschäftsrichtlinien
Stornierung: Sie können alle auf Google Play erworbenen
Apps innerhalb von 15 Minuten nach dem Zeitpunkt des
Downloads zurückgeben. Die entsprechenden Gebühren
werden in diesem Fall in vollem Umfang erstattet. Sie
dürfen eine App nur einmal zurückgeben. Wenn Sie die
gleiche App später erneut kaufen, können Sie sie nicht ein
zweites Mal zurückgeben. Wenn die Rückgabe einer App
möglich ist, können Sie diese über die Benutzeroberfläche
von Google Play vornehmen. Sie können ausschließlich
Apps zurückgeben.

Upgrades: Google Play bietet keine Upgrade-Funktionen
für Produkte. Stehen für ein Produkt kostenlose oder
kostenpflichtige Upgrades zur Verfügung, müssen Sie diese
direkt von dem für das Produkt verantwortlichen
Entwickler beziehen.

Neuinstallationen: Sie können alle über Google Play
erworbenen Apps beliebig oft neu installieren.

Anlage 3 -Google Play - Geschäfts- und
Programmrichtlinien

Entfernung von Produkten: Unter Umständen kann Google feststellen, dass ein Produkt in Google Play gegen den Entwickler-Distributionsvertrag von Google Play oder gegen sonstige Rechtsverträge, Gesetze, Bestimmungen oder Richtlinien verstößt. In solchen Fällen behält sich Google das Recht vor, die entsprechenden Apps nach eigenem Ermessen per Remotezugriff von Ihrem Gerät zu entfernen.

Sollte es hierzu kommen, ergreift Google angemessene Maßnahmen, um den Kaufpreis des Produkts gegebenenfalls vom entsprechenden Entwickler für Sie zurückzuerhalten. Ist es Google nicht möglich, den Kaufpreis in voller Höhe zurückzuerhalten, wird der zurückerhaltene Betrag anteilsmäßig auf die betroffenen Personen verteilt.

Einsprüche gegen Rückbuchungen und Rechnungen: Google ist nicht für Einsprüche gegen Rechnungen für auf Google Play getätigte Einkäufe verantwortlich. Alle Einsprüche gegen Rechnungen müssen je nach Sachlage an den entsprechenden Entwickler, den Zahlungsservice oder Ihr Kreditkartenunternehmen gerichtet werden.

Kundensupport: Support für die Nutzung und den Betrieb von Google Play, beispielsweise hinsichtlich des Suchens, Kaufens, Herunterladens und Entfernens von Produkten, wird von Google über die Benutzeroberfläche der Google Play-App geleistet. Google stellt keinen Kundensupport für die von Entwicklern auf Google Play angebotenen Produkte bereit. Jeder Entwickler ist für den Umfang des von ihm bereitgestellten Kundensupports selbst verantwortlich und Sie müssen sich direkt an ihn wenden.

3. Google Play-Programmrichtlinien
Die Google Play-Programmrichtlinien leisten einen wichtigen Beitrag dazu, dass Händler und Nutzer stets einen positiven Eindruck von Google Play erhalten. Mithilfe

---

dieser Richtlinien können wir außerdem Missbrauch
unterbinden, der die Bereitstellung dieses Dienstes
gefährdet. Wir bitten alle Nutzer, sich an diese Grundsätze
zu halten, damit wir alle von Google Play profitieren. Bei
Verstößen gegen diese Richtlinien kann Ihnen der Zugriff
auf Google Play verweigert oder Ihr Google-Konto
gelöscht werden.

Diese Richtlinien können jederzeit geändert werden, Sie
sollten sie also gelegentlich überprüfen.

Nacktheit und sexuell explizite Inhalte
Inhalte, in denen Nacktheit oder drastische sexuelle
Handlungen dargestellt werden, oder sonstige sexuell
explizite Materialien sind unzulässig. Ebenso wenig sind
Inhalte zulässig, der den Nutzer zu kommerziellen
pornografischen Websites weiterleitet.

Hinsichtlich Kinderpornografie verfolgt Google eine
Nulltoleranz-Strategie. Sollten wir Kenntnis von Inhalten
kinderpornografischer Art erlangen, melden wir dies den
entsprechenden Behörden und löschen die Google-Konten
der Personen, die mit seiner Verbreitung in Verbindung
stehen.

Gewalt und Mobbing
Google Play darf kein Material enthalten, mit dem andere
Nutzer bedroht, belästigt oder gemobbt werden.

Hassreden
Die Verbreitung von Hass gegen Personengruppen
aufgrund ihrer Rasse, ethnischen Herkunft, ihrer Religion,
Behinderung, ihres Geschlechts, Alters, Veteranenstatus
oder ihrer sexuellen Orientierung/geschlechtlichen Identität
wird nicht geduldet.

Anlage 3 -Google Play - Geschäfts- und
Programmrichtlinien

Alter

Die Nutzung von Google Play ist ausschließlich Nutzern
gestattet, die mindestens 13 Jahre alt sind. Nutzer, die
jünger als 18 Jahre sind, benötigen für die Nutzung von
Google Play die Erlaubnis eines Elternteils oder
Erziehungsberechtigten. Sollten wir Kenntnis davon
erlangen, dass ein Nutzer jünger als 13 Jahre ist, löschen wir
sein Konto.

Identitätsdiebstahl

Wir gestatten keinen Diebstahl bzw. Vortäuschungen der
Identität anderer oder sonstige Verhaltensweisen, die
irreführend sind oder denen eine irreführende Absicht
zugrunde liegt.

Persönliche und vertrauliche Informationen

Veröffentlichen Sie keine persönlichen und vertraulichen
Informationen anderer Personen, beispielsweise
Kreditkartennummern, Sozialversicherungsnummern,
Führerschein- und sonstige Ausweisnummern oder andere
Informationen, die nicht für die Öffentlichkeit bestimmt
sind. Zum Schutz Ihrer eigenen Daten und vertraulichen
Informationen sollten Sie darauf achten, keine persönlichen
oder vertraulichen Daten an andere weiterzugeben.

Urheberrecht

Eindeutige Hinweise auf mutmaßliche
Urheberrechtsverletzungen werden von uns verfolgt. In
unseren Bestimmungen zum Urheberrecht unter
http://www.google.com/dmca.html finden Sie weitere
Informationen. Dort können Sie auch einen DMCA-Antrag
stellen.

Illegale Aktivitäten

Google Play darf nicht für gesetzeswidrige Zwecke oder zur
Förderung gefährlicher und illegaler Aktivitäten benutzt
werden. Sollten wir feststellen, dass Sie an solchen
Aktivitäten beteiligt sind, können wir Ihnen den Zugriff auf

Google Play verweigern, Ihr Konto deaktivieren, die
Strafverfolgungsbehörden verständigen oder sonstige
angemessene Maßnahmen ergreifen.

Schädliche Produkte
Übertragen Sie keine Viren, Würmer, Fehler, Trojaner,
Malware oder sonstige destruktiven Elemente. Inhalte, die
den Betrieb der Netzwerke, Server oder sonstigen
Infrastrukturelemente von Google, Netzbetreibern oder
Dritten beeinträchtigen oder stören, sind unzulässig. Spam,
schädliche Skripts und Passwort-Phishing sind auf Google
Play ebenfalls unzulässig.

Unzulässige Produkte
Produkte oder Dienste, die gegen die
Nutzungsbedingungen von Netzbetreibern verstoßen, sind
unzulässig

Missbrauch melden
Wenn jemand Ihrer Ansicht nach gegen diese
Programmrichtlinien verstößt, klicken Sie in den globalen
Menüfunktionen von Google Play auf die Option zum
Melden von Inhalten.

Nachdem Sie derartige Inhalte gemeldet haben, überprüfen
wir den Sachverhalt und ergreifen gegebenenfalls
entsprechende Maßnahmen. Nicht alle Meldungen führen
zur Entfernung der Inhalte. Wir sind uns darüber im
Klaren, dass Schädigungen auch unbeabsichtigt erfolgen
können, daher gehen wir bei der Prüfung äußerst sorgfältig
vor.

Anlage 4

Abgerufen von URL:

https://wallet.google.com/legaldocument?docId=0.buyerto s/DE/3/2,und

Abgerufen am: 22. September 2013, 23:30 Uhr

Nutzungsbedingungen – Käufer (Deutschland)

Nutzungsbedingungen

20. Juni 2013

Diese Nutzungsbedingungen für Käufer ("Vereinbarung") stellen einen rechtsverbindlichen Vertrag dar zwischen Google Payment Limited, einer in England eingetragenen Gesellschaft mit der Handelsregisternummer 05903713 und Geschäftssitz in Belgrave House, 76 Buckingham Palace Road, London SW1W 9TQ, Großbritannien, ("GPL") und Ihnen ("Käufer"). Sie können sich über die Hilfe unter http://support.google.com/wallet per E-Mail an GPL wenden. GPL ist bei der britischen Aufsichtsbehörde für Finanzdienstleistungen (Financial Conduct Authority, FCA) als E-Geld-Institut mit der Nummer 900008 zugelassen und unterliegt den entsprechenden Vorschriften. GPL ist eine Tochtergesellschaft von Google International LLC ("Google"). Bevor Sie diese Nutzungsbedingungen akzeptieren und mit der Anmeldung fortfahren, sollten Sie die gesamte Vereinbarung aufmerksam durchlesen.

Die Nutzungsbedingungen regeln als rechtsverbindliche Vereinbarung zwischen Ihnen und GPL den Zugriff auf sowie die Verwendung von Google Wallet durch Sie. Die nachfolgend beschriebenen Dienste werden von GPL bereitgestellt. Bitte lesen Sie diese Nutzungsbedingungen sorgfältig durch, bevor Sie sie akzeptieren und mit der Registrierung fortfahren.

Durch die Annahme dieser Nutzungsbedingungen versichern Sie Folgendes:

- Sie sind zwischen 13 und 17 Jahre alt und erstellen ein Google Wallet-Konto zu dem alleinigen und eingeschränkten Zweck der Einlösung eines Google Play-Geschenkkartenwertes für ausgewählte Artikel, die Sie bei Google Play erwerben dürfen. Dies unterliegt der Einhaltung geltender Gesetze sowie dem Ermessen von Google. Oder
- Sie sind mindestens 18 Jahre alt und
- dazu berechtigt, einen rechtsverbindlichen Vertrag einzugehen.

Drucken Sie die Vereinbarung für Ihre Unterlagen aus oder speichern Sie sie. DURCH KLICKEN AUF "ICH STIMME DEN NUTZUNGSBEDINGUNGEN ZU" UND AUF "ANMELDUNG ABSCHLIESSEN" ERKLÄREN SIE SICH MIT DIESER VEREINBARUNG EINVERSTANDEN.

Die Vereinbarung wird mit der Annahme durch den Käufer wirksam ("Vertragsbeginn").

RÜCKTRITTSRECHT

Sie können innerhalb von zwei Wochen nach dieser Ankündigung von dieser Vereinbarung zurücktreten. Sollten Sie diese Ankündigung nach Abschluss der Vereinbarung erhalten, haben Sie ein Rücktrittsrecht von vier Wochen. Der zweiwöchige Zeitraum beginnt an dem Tag, an dem Sie diese Ankündigung in schriftlicher Form erhalten, etwa wenn Sie dieses Dokument herunterladen. Falls Sie diese Ankündigung beispielsweise an einem Montag erhalten, endet der zweiwöchige Zeitraum an dem Montag in zwei bzw. vier Wochen. Sollte der zweiwöchige Zeitraum an einem Samstag, Sonntag oder gesetzlichen Feiertag enden, gilt der nächste Werktag als Ende des Zeitraums. Für den Rücktritt von dieser Vereinbarung müssen Sie vor dem

Ende des zweiwöchigen Zeitraums eine Benachrichtigung gemäß Ziffer 23.5 senden. Sie müssen keine Gründe für den Rücktritt angeben.

1. Definitionen

Für die in dieser Vereinbarung vorkommenden Begriffe gelten die folgenden Definitionen:

"Konto" bedeutet Ihr E-Geld-Konto, das GPL für Sie führt.

"Vereinbarung" bezieht sich auf die vorliegenden Nutzungsbedingungen für Käufer.

"Werktag" bezeichnet alle Tage, die kein Samstag, Sonntag oder gesetzlicher Feiertag im Vereinigten Königreich sind.

"Abrechnung über den Mobilfunkanbieter" ist der Prozess, bei dem GPL einen Zahlungsvorgang an den Mobilfunkanbieter sendet, damit dieser über das Konto des Käufers für die Abrechnung mit dem Mobilfunkanbieter abgewickelt wird.

"Mobilfunkanbieter" bezieht sich auf einen von GPL zugelassenen Betreiber eines Mobilfunknetzes, der ein Konto für die Abrechnung über den Mobilfunkanbieter anbietet.

"Konto für die Abrechnung über den Mobilfunkanbieter" bezeichnet das Konto für die Abrechnung auf Monats- oder anderer Basis, das Ihnen von Ihrem Mobilfunkanbieter bereitgestellt wird und das Sie beim Dienst registrieren, um bestimmte Zahlungsvorgänge zu ermöglichen.

"Inhalte" bezeichnet Ratschläge, Meinungen, Angebote, Vorschläge, Aussagen, Daten und andere Informationen, die über den Dienst angezeigt, verteilt, gekauft oder bezahlt werden.

"Kunde" ist diejenige natürliche oder juristische Person, die sich im Rahmen des Dienstes als Käufer oder Verkäufer anmeldet.

"Streitfall" bezeichnet alle Auseinandersetzungen, Rechtsstreitigkeiten, Vergleiche und/oder anderen Konflikte zwischen Kunden oder Dritten, die im Zusammenhang mit der Nutzung des Dienstes auftreten, aber kein "Dienst-Streitfall" sind.

"E-Geld" bezeichnet einen elektronischen Wert, den GPL nach Eingang einer Zahlung von Ihnen ausgibt. E-Geld wird im Computersystem von GPL gespeichert und stellt eine Forderung dar, die Sie gegenüber GPL einlösen können. E-Geld ist nicht gleichbedeutend mit einer elektronischen Überweisung.

"Zahlungsmittel" ist eine Kredit- oder Debitkarte, ein Konto für die Abrechnung über den Mobilfunkanbieter oder ein anderes Zahlungsmittel, das Sie für die Nutzung des Dienstes registrieren. GPL nutzt dieses Zahlungsmittel für E-Geld-Zahlungen über den Dienst, mit denen Zahlungsvorgänge abgewickelt und sonstige Zwecke verfolgt werden.

"Zahlungsvorgang" bezeichnet die Transaktion, bei der GPL (i) die Übertragung eines Kaufbetrags von Ihrem Zahlungsmittel an GPL initiiert, (ii) einen E-Geld-Betrag an Sie übermittelt, der dem Kaufbetrag entspricht, und (iii) den E-Geld-Betrag von Ihnen an den Verkäufer überträgt, von dem Sie ein Produkt erwerben.

"Google" umfasst Google International, LLC, sowie seine Tochtergesellschaften und verbundenen Unternehmen.

"GPL-Website" bezieht sich auf eine Website von GPL oder einer GPL-Tochtergesellschaft bzw. einem mit GPL verbundenen Unternehmen.

"GPL", **"wir"**, **"uns"** und ähnliche Begriffe beziehen sich auf Google Payment Limited.

"Anmeldedaten" bestehen aus dem Nutzernamen und dem Passwort, den bzw. das Sie von GPL für den Zugriff auf Ihr Konto erhalten.

"Zahlungsauftrag" bezeichnet (i) die Anweisung des Verkäufers an GPL zur Ausführung eines von Ihnen autorisierten Zahlungsvorgangs, die gleichzeitig als Mitteilung an GPL über Ihre Autorisierung dient, den Kauf eines E-Geld-Betrags von GPL zu initiieren, der dem Kaufbetrag des Zahlungsvorgangs entspricht, oder, je nach Zusammenhang, (ii) die Anweisung des Verkäufers an GPL zur Ausführung einer Erstattung.

"Produkt" bezeichnet digitale und physische Waren, Güter und Dienstleistungen, die Sie über den Dienst von einem Verkäufer erwerben können.

"Kaufbetrag" bezeichnet einen Betrag in Höhe des Produktpreises einschließlich aller gegebenenfalls anfallenden Steuern, Gebühren und Versandkosten.

"Erstattung" bezeichnet die Transaktion, bei der GPL unter Verwendung der Erstattungsfunktion des Dienstes E-Geld vom Verkäufer auf Ihr Konto überträgt und anschließend die Übertragung eines entsprechenden Betrags auf Ihr Zahlungsmittel initiiert.

"Verkäufer" bezeichnet jede natürliche oder juristische Person, die den Dienst zum Verkauf von Produkten und zum Erhalt von Kaufbeträgen aus Zahlungsvorgängen nutzt.

"Dienst" bezeichnet den von GPL bereitgestellten E-Geld-Zahlungsdienst namens Google Wallet.

"Dienst-Streitfälle" bezeichnet alle Auseinandersetzungen, Beschwerden, Rechtsstreitigkeiten, Vergleiche und/oder anderen Konflikte zwischen GPL und Kunden, die allein im Zusammenhang mit einer mutmaßlichen Vertrags- oder Gesetzesverletzung durch GPL und einem damit verbundenen Fehler bei der Erbringung des Dienstes entstehen.

"Tochtergesellschaften und verbundene Unternehmen" sind alle wirtschaftlich mit GPL verbundenen Unternehmen weltweit.

"Sie" und **"Käufer"** beziehen sich auf eine Person, die den Dienst verwendet oder sich für dessen Verwendung bewirbt oder anmeldet, um über einen Zahlungsvorgang ein Produkt zu kaufen.

"Ihre E-Mail-Adresse" ist die von Ihnen bei der Registrierung angegebene E-Mail-Adresse

2. Ihre Beziehung zu GPL
2.1 Die Verwendung des Dienstes durch Sie unterliegt dieser Vereinbarung.

2.2 Sofern nicht anders angegeben, erwerben Sie bei der Verwendung des Dienstes E-Geld von GPL, mit dem dann unmittelbar Zahlungen an Verkäufer durchgeführt werden.

3. Zustimmung zur Vereinbarung
3.1 Damit Sie den Dienst nutzen können, müssen Sie zunächst der Vereinbarung zustimmen. Ohne vorherige Zustimmung zur Vereinbarung können Sie den Dienst nicht nutzen.

3.2 Die Vereinbarung stellt eine rechtskräftige Vereinbarung zwischen Ihnen und GPL in Bezug auf die Nutzung des Dienstes durch Sie dar. Nehmen Sie sich daher die Zeit, die Vereinbarung sorgfältig durchzulesen. Durch Akzeptieren der Vereinbarung stimmen Sie zu, sich bei der Nutzung des Dienstes an die Bestimmungen der Vereinbarung zu halten.

3.3 Sie können die Vereinbarung auf mehrere Arten akzeptieren:

(a) durch Akzeptieren oder Zustimmen mit einem Klick, wenn GPL Ihnen diese Option auf der Benutzeroberfläche für den Dienst bereitstellt, oder

(b) durch die Nutzung des Dienstes. In diesem Fall verstehen Sie und stimmen zu, dass GPL die Verwendung des Dienstes durch Sie als Zustimmung zur Vereinbarung ansieht.

3.4 In den folgenden Fällen dürfen Sie den Dienst nicht nutzen und die Vereinbarung nicht akzeptieren:

(a) Sie haben das gesetzliche Mindestalter für den Abschluss einer verbindlichen Vereinbarung mit GPL und für den Einsatz des für die Nutzung mit dem Dienst registrierten Zahlungsmittels noch nicht erreicht.

(b) Sie sind gemäß den Gesetzen der USA oder anderer Länder (einschließlich des Landes, in dem Sie Ihren Wohnsitz haben und den Dienst nutzen möchten) nicht zur Nutzung des Dienstes berechtigt.

4. Bereitstellung und Sprache der Vereinbarung
4.1 Während der Anmeldung wird Ihnen die Vereinbarung in ausdruckbarer Form zur Verfügung gestellt. Da die Vereinbarung von Zeit zu Zeit ergänzt und geändert werden kann, finden Sie die jeweils neueste Fassung der Vereinbarung auf der GPL-Website.

4.2 Nach der Anmeldung können Sie die Vereinbarung anfordern. In diesem Fall wird an Ihre E-Mail-Adresse ein Link zur Vereinbarung gesendet.

4.3 Die Vereinbarung wird Ihnen in deutscher Sprache bereitgestellt und ist auch auf Englisch verfügbar.

4.4 Bei Widersprüchen zwischen der deutschen und der englischen Version der Vereinbarung hat die deutschsprachige Version Vorrang.

5. Registrierung für den Dienst
5.1 Um den Dienst nutzen zu können, müssen Sie auf den Webseiten zur Registrierung für den Dienst alle erforderlichen Angaben machen.

5.2 Sie müssen ein gültiges Zahlungsmittel registrieren, das für den Kauf von E-Geld über den Dienst verwendet werden soll.

5.3 Das Zahlungsmittel muss mit einer Abrechnungsadresse in einem Land verknüpft sein, in dem der Dienst verfügbar ist.

5.4 Ihre Angaben müssen aktuell, vollständig und korrekt sein und solange Sie den Dienst nutzen, müssen Sie die Aktualität und Richtigkeit dieser Daten sicherstellen. GPL ist berechtigt, von Ihnen ergänzende Informationen zu verlangen, damit Sie den Dienst weiterhin nutzen können oder damit GPL beurteilen kann, ob Sie weiterhin zur Nutzung des Dienstes berechtigt sind. Sie stimmen zu, solche Informationen bereitzustellen, wenn GPL sie in dieser Hinsicht benötigt. Dies schließt auch Informationen ein, die erforderlich sind, um Ihre Identität zu überprüfen oder um die Echtheit eines Zahlungsmittels zu bestätigen, das Sie für die Verwendung mit dem Dienst registrieren.

6. Bereitstellung des Dienstes durch GPL
6.1 Mitunter erfolgt die Bereitstellung des Dienstes ganz

oder teilweise durch Tochtergesellschaften und verbundene
Unternehmen, die im Namen von GPL handeln. Sie
stimmen zu, dass Tochtergesellschaften und verbundene
Unternehmen dazu berechtigt sind, Ihnen den Dienst
bereitzustellen.

6.2 GPL führt ständig Neuerungen ein, um seinen Nutzern
die bestmögliche Erfahrung zu bieten. Sie erkennen an und
stimmen zu, dass die Art und Weise des von GPL
bereitgestellten Dienstes sich gelegentlich und ohne
vorherige Ankündigung ändern kann. Sollte eine Änderung
am Dienst jedoch eine Änderung an der Vereinbarung
darstellen, wird dies per E-Mail an Ihre E-Mail-Adresse
angekündigt.

6.3 Sie erkennen an und stimmen zu, dass GPL die
Bereitstellung des Dienstes für Sie im Rahmen der
Vereinbarung beenden kann. Sie können die Verwendung
des Dienstes jederzeit beenden. Sie müssen GPL nicht in
Kenntnis setzen, wenn Sie den Dienst nicht mehr nutzen.

6.4 Sie erkennen an und stimmen zu, dass GPL berechtigt
ist, ohne vorherige Mitteilung an Sie allgemeine Praktiken
und Beschränkungen in Bezug auf den Dienst einzuführen,
einschließlich eines Höchstwerts für einzelne oder
zusammengefasste Transaktionen im Hinblick auf den
Betrag oder die Anzahl von Zahlungsvorgängen innerhalb
eines oder mehrerer Zeiträume.

6.5 GPL kann die Ausführung von Zahlungsvorgängen,
Zahlungsaufträgen oder anderen Dienstfunktionen
verweigern, wenn GPL Grund zur Annahme von Betrug,
Verletzung der geltenden Vereinbarung durch Sie oder den
Verkäufer oder sonstigen rechtlichen Verstößen hat.
Transaktionen können sich auch durch die Anwendung der
Rechtsvorschriften gegen Geldwäsche durch GPL
verzögern; dies gilt auch für den Fall eines Verdachts seitens
GPL, dass es sich bei der jeweiligen Transaktion um Betrug
handelt. Falls GPL die Ausführung eines Zahlungsvorgangs

oder eines Zahlungsauftrags verweigert, wird Ihnen dies mitgeteilt, sofern GPL durch diese Mitteilung nicht rechtswidrig handelt oder angemessene Sicherheitsmaßnahmen gefährdet.

6.6 Sie erkennen an und stimmen zu, dass Sie bei einer Deaktivierung des Zugriffs auf Ihr Konto seitens GPL durch Deaktivieren Ihrer Anmeldedaten daran gehindert werden können, auf den Dienst, Ihre Kontodetails oder andere Dateien bzw. Inhalte in Ihrem Konto zuzugreifen.

7. Nutzung des Dienstes

7.1 Sie stimmen zu, den Dienst nur wie folgt zu nutzen:

(a) im Rahmen der Vereinbarung

(b) im Rahmen der Richtlinien und Beschränkungen bezüglich des Dienstes in der jeweils von GPL oder seinen Tochtergesellschaften veröffentlichten aktuellen Fassung

(c) im Rahmen aller anwendbaren Gesetze, Bestimmungen oder allgemein akzeptierten Praktiken oder Richtlinien in den relevanten Zuständigkeiten, einschließlich Gesetzen im Hinblick auf den Export von Daten oder Software in die oder aus den USA oder in bzw. aus anderen relevanten Ländern

7.2 Unbeschadet der obigen Bestimmungen stimmen Sie zu und erkennen Sie an, dass das Melden und Begleichen von eventuell anfallenden Steuern, die sich durch Ihre Nutzung des Dienstes ergeben, in Ihrer Verantwortung liegen. Sie stimmen hiermit zu, dass Sie alle anwendbaren Steuergesetze einhalten, einschließlich Meldung und Begleichung jeglicher Steuern, die in Verbindung mit Zahlungsvorgängen anfallen.

7.3 Sie stimmen zu, auf keinem anderen Weg als über die von GPL bereitgestellte Oberfläche auf den Dienst zuzugreifen (oder zuzugreifen zu versuchen), sofern Sie dazu nicht gemäß einer separaten Vereinbarung mit GPL ausdrücklich berechtigt sind. Sie erkennen an, dass diese Einschränkung auch für die automatisierte Nutzung des Dienstes gilt.

7.4 Sie stimmen zu, keinerlei Schritte zu unternehmen, die eine Störung oder Unterbrechung des Dienstes oder der mit dem Dienst verbundenen Server oder Netzwerke zur Folge haben.

7.5 Sie stimmen zu, dass Sie den Dienst zu keinem Zweck reproduzieren, duplizieren, kopieren, verkaufen, eintauschen oder weiterverkaufen werden, sofern Sie nicht durch eine separate Vereinbarung mit GPL die Berechtigung dazu erhalten haben.

7.6 Sie stimmen zu, dass Sie allein die Verantwortung für eventuelle Verstöße gegen Ihre Verpflichtungen im Rahmen dieser Vereinbarung und für die eventuellen Folgen eines solchen Verstoßes tragen (einschließlich Verlusten oder Schäden, die GPL entstehen). Sie stimmen zudem zu, dass GPL Ihnen oder Dritten gegenüber nicht für solche Verstöße oder Schäden verantwortlich ist.

8. Anmeldedaten und Kontosicherheit
8.1 Sie stimmen zu, dass Sie Anmeldedaten, die zu Ihrem Konto gehören, nur in Übereinstimmung mit den Nutzungsbedingungen in dieser Vereinbarung verwenden.

8.2 Sie stimmen zu und erkennen an, dass Sie dafür verantwortlich sind, die Vertraulichkeit der Anmeldedaten für Ihr Konto zu wahren und alle angemessenen Schritte zur Wahrung der Vertraulichkeit dieser Informationen zu unternehmen.

8.3 Wenn Sie den Dienst im Rahmen einer gewerblichen Tätigkeit nutzen, stimmen Sie zu, dass alle Vorstandsmitglieder, Angestellten, Agenten, Vertreter und weiteren Personen, die Zugriff auf Ihre Anmeldedaten haben, eine ordnungsgemäße Befugnis erhalten und berechtigt sein werden, rechtskräftige Tätigkeiten für das Unternehmen, die Partnerschaft oder eine andere juristische Person durchzuführen.

8.4 Ihre Haftung für die Nutzung des Dienstes wird in Ziffer 16 unten beschrieben.

8.5 Sie stimmen zu, dass Sie GPL ohne unangemessene Verzögerung über den Link "Kontakt" in der Käufer-Hilfe benachrichtigen, wenn Sie feststellen, dass Sie Ihre Anmeldedaten verloren haben oder diese gestohlen, widerrechtlich angeeignet oder unbefugt verwendet wurden. Außerdem stimmen Sie zu, dass Sie GPL ohne unangemessene Verzögerung und auf gleiche Weise über jeden anderen Sicherheitsverstoß im Hinblick auf den Dienst informieren, von dem Sie Kenntnis erhalten.

8.6 Falls Sie glauben, dass auf unberechtigte Weise auf Ihr Konto zugegriffen oder dieses unbefugt genutzt wurde, lesen Sie bitte die Informationen zu unserem Verfahren für Betrugsschutz. Mehr dazu, wie GPL Sie vor Betrug schützt, erfahren Sie auch in unseren häufig gestellten Fragen.

8.7 Sie stimmen zu, dass Sie GPL über die Option "Kontakt" in der Käufer-Hilfe ohne unangemessene Verzögerung und spätestens innerhalb von dreizehn (13) Monaten nach dem Abbuchungsdatum benachrichtigen, wenn Sie unbefugte oder falsch verarbeitete Zahlungsvorgänge feststellen. Das Abbuchungsdatum entspricht dem Datum, an dem Ihr Zahlungsmittel belastet wurde.

8.8 GPL behält sich das Recht vor, die Nutzung Ihrer Anmeldedaten oder Ihres Kontos auszusetzen, wenn der Verdacht besteht, dass möglicherweise die Sicherheit beeinträchtigt wurde oder dass die Daten bzw. das Konto auf unbefugte oder betrügerische Weise genutzt wurden.

8.9 GPL wird Sie im Voraus bzw., wenn dies nicht möglich ist, unmittelbar nach der Aussetzung Ihrer Anmeldedaten oder Ihres Kontos in Kenntnis setzen und die Gründe für diese Aussetzung angeben, es sei denn, diese Bereitstellung von Informationen würde Sicherheitsmaßnahmen beeinträchtigen oder anderweitig gegen geltende Gesetze verstoßen. GPL aktiviert sobald wie möglich Ihre Anmeldedaten bzw. Ihr Konto erneut oder stellt Ihnen neue aktive Anmeldedaten oder ein neues Konto bereit, nachdem der Grund für die Aussetzung nicht mehr besteht.

9. Datenschutz und Ihre personenbezogenen Daten

9.1 Informationen zum Umgang mit dem Datenschutz bei GPL erhalten Sie in den Datenschutzbestimmungen von GPL unter http://checkout.google.com/files/privacy.html. In diesen Bestimmungen wird erläutert, wie GPL mit Ihren personenbezogenen Daten umgeht und Ihre Daten schützt, wenn Sie den Dienst nutzen. Sie können die GPL-Datenschutzbestimmungen über die Google Wallet-Hilfe im PDF-Format anfordern:
http://support.google.com/wallet.

9.2 Sie erklären sich mit der Verwendung Ihrer Daten gemäß den Datenschutzbestimmungen von GPL einverstanden.

9.3 Verifizierung der Identität des Käufers, Pflichten nach dem Geldwäschegesetz

(a) Der Käufer erkennt an, dass GPL den Dienst dem Käufer derzeit und künftig unter der Voraussetzung anbietet, dass der Käufer alle möglicherweise von GPL durchgeführten Sorgfalts- und Identitätsüberprüfungen erfolgreich durchlaufen hat und den Anforderungen von GPL, der Kreditkartengesellschaft und den Geldwäschegesetzen entspricht. Identitätsüberprüfungen können Kreditauskünfte, gesetzlich vorgesehene Kontrollen bezüglich Geldwäsche, von den Kreditkartengesellschaften verlangte und andere vorgeschriebene Nachprüfungen umfassen. Der Käufer verpflichtet sich, die von GPL zur Durchführung dieser Überprüfungen und zur Feststellung seiner Erfüllung aller Pflichten nach den Geldwäschegesetzen geforderte Mitwirkung zu leisten, einschließlich der Übermittlung ergänzender Informationen zur Anmeldung oder Identitätsverifizierung, die GPL anfordert.

(b) Der Käufer stimmt zu, dass GPL zum Zweck der Sorgfalts- und Identitätsüberprüfung Informationen über den Käufer weitergeben und von Dritten innerhalb und außerhalb des Europäischen Wirtschaftsraums beziehen darf, soweit dies gesetzlich zulässig ist. Dazu gehören auch personenbezogene Daten, wie sie in der relevanten Gesetzgebung zum Datenschutz definiert sind. Außerdem stimmt der Käufer zu, dass diese Dritten die auf solche Weise weitergegebenen Daten aufbewahren dürfen.

(c) Werden die Bedingung unter Ziffer 9.3 nicht erfüllt, einschließlich der Übermittlung von Informationen durch den Käufer an GPL zur Identitätsüberprüfung oder zur Überprüfung der Einhaltung der Geldwäschegesetze, kann das Recht des Käufers auf Nutzung des Dienstes sofort ausgesetzt und diese Vereinbarung beendet werden.

10. Zahlungsmittel
10.1 Sie stimmen zu, dass GPL die Angaben zu Ihrem Zahlungsmittel für folgende Zwecke nutzt:

(a) Durchführen von Abbuchungen für Sie in Höhe des Kaufbetrags, einschließlich eventueller Gebühren, Steuern oder Versandkosten (sofern zutreffend)

(b) Verarbeitung aller Zahlungen, die erforderlich sind, um Ihnen anderweitige Gebühren für die Nutzung des Dienstes in Rechnung zu stellen

10.2 Sie berechtigen GPL, sich bei Ihrem Finanzinstitut oder Anbieter zu vergewissern, dass Ihr Zahlungsmittel den nötigen Positivsaldo aufweist. Hierzu zählt etwa das Senden einer Anfrage im Hinblick auf eine Zahlungsautorisierung und/oder eine Gutschrift auf und/oder eine Abbuchung vom Zahlungsmittel in geringem Wert gemäß den Bestimmungen der jeweiligen Kartengesellschaft.

10.3 Sie berechtigen GPL, bisweilen eine Bankauskunft einzuholen bzw. auf andere Weise Anfragen zur Kreditwürdigkeit oder zum Hintergrund durchzuführen, wenn GPL dies für angemessen hält, um Ihre Anmeldung für den Dienst oder dessen weitere Nutzung zu prüfen.

11. Abwicklung von E-Geld-Zahlungen; Abrechnung über den Mobilfunkanbieter; Abonnements/wiederkehrende Transaktionskäufe
11.1 GPL stimmt zu, Ihnen den Dienst bereitzustellen, um Zahlungsvorgänge zu ermöglichen.

11.2 Zahlungsvorgänge können nur autorisiert werden, wenn Sie deren Durchführung zustimmen. Sie stimmen zu, dass Sie durch die Nutzung des Dienstes zum Kauf eines Produkts von einem Verkäufer Ihre Zustimmung zur Durchführung des Zahlungsvorgangs geben und dass der autorisierte Zahlungsvorgang nicht mehr widerrufen werden kann, nachdem Sie die Zustimmung erteilt haben. Sie stimmen außerdem zu, dass Verkäufer die Verarbeitung eines Auftrags für ein Produkt aus beliebigem Grund verweigern können und dass GPL nicht verpflichtet ist, einen Zahlungsvorgang durchzuführen, solange der Verkäufer keinen Zahlungsauftrag gemäß Klausel 11.4 an GPL gesendet hat.

11.3 Wenn Sie den Dienst verwenden, speichert GPL die von Ihnen bereitgestellten Informationen, z. B. zum Zahlungsmittel oder zum Versand, und wickelt Zahlungsvorgänge und Rückerstattungen über das entsprechende Kreditkarten- oder Debitkarten-Netzwerk ab.

11.4 Nachdem Sie die Durchführung eines Zahlungsvorgangs autorisiert haben, kann der Verkäufer den Zahlungsauftrag in Übereinstimmung mit den GPL-Richtlinien an GPL senden. Nach Erhalt des Zahlungsauftrags vom Verkäufer initiiert GPL die Übertragung des Kaufbetrags von Ihrem Zahlungsmittel an GPL. GPL stellt Ihnen spätestens dann, wenn GPL einen entsprechenden gültigen Betrag von Ihrem Zahlungsmittel erhält, einen E-Geld-Betrag aus, der dem Kaufbetrag entspricht. Anschließend sendet GPL den angewiesenen Betrag umgehend an den Verkäufer. GPL ist nicht verantwortlich für und hat keine Kontrolle über den Zeitpunkt, an dem GPL die Geldmittel von Ihrem Zahlungsmittel erhält. Sie werden in Ihrem Konto über den Transaktionsverlauf benachrichtigt, wenn der Verkäufer den Zahlungsauftrag an GPL gesendet hat.

11.5 Zahlungsvorgänge können, wie in Ziffer 6.5 erläutert, abgelehnt oder verzögert werden.

11.6 Sie autorisieren GPL hiermit ausdrücklich, die folgenden Aktivitäten durchzuführen oder Dritte mit diesen Aktivitäten zu beauftragen:

(a) Belastung Ihres Zahlungsmittels oder Abbuchung davon, sofern dies zum Kauf von E-Geld erforderlich ist, um einen Zahlungsvorgang zu verarbeiten

(b) Gutschreibung solcher Beträge auf Ihr Zahlungsmittel, sofern dies erforderlich ist, um einen Zahlungsvorgang über den Dienst zu stornieren, Rückerstattungen zu verarbeiten oder den Kaufbetrag zu korrigieren

11.7 Sie erkennen Folgendes zustimmend an:

(a) Der Verkauf von Produkten durch den Verkäufer ist eine Transaktion zwischen dem Verkäufer und Ihnen, also keine Transaktion mit GPL, Google oder einem verbundenen Unternehmen, es sei denn, GPL, Google oder ein verbundenes Unternehmen wird ausdrücklich als Verkäufer oder Käufer der Transaktion genannt.

(b) Weder GPL, Google noch ein verbundenes Unternehmen ist bei einem Zahlungsvorgang Käufer, Verkäufer oder Vertragspartei, es sei denn, dies ist ausdrücklich im Produkteintrag auf einer Google Website oder deren Nutzungsbedingungen angegeben.

11.8 Für E-Geld und damit auch für den Dienst findet weder das Entschädigungssystem mit der Bezeichnung "Financial Services Compensation Scheme" noch ein öffentliches oder privates Versicherungssystem Anwendung.

11.9 Abrechnung über den Mobilfunkanbieter. Bestimmte Verkäufer, die Google Wallet akzeptieren, bieten Ihnen eventuell die Möglichkeit, Ihren Kauf über Ihr Konto für die Abrechnung mit dem Mobilfunkanbieter abzurechnen. Bei Nutzung der Abrechnung über den Mobilfunkanbieter in Google Wallet gelten diese zusätzlichen Bedingungen:

(a) Damit Sie als Zahlungsoption Ihr Konto für die Abrechnung über den Mobilfunkanbieter registrieren können, benötigt Google Wallet Ihre Mobiltelefonnummer sowie den Namen und die Rechnungsadresse (einschließlich Postleitzahl) des Kontos für die Abrechnung über den Mobilfunkanbieter, der bzw. die dieser Nummer zugeordnet sind. Sie stimmen zu, dass Ihr Mobilfunkanbieter diese Informationen an Google Wallet sendet. Sie können diese Angaben bei der Anmeldung für die Abrechnung über den Mobilfunkanbieter überprüfen und bei Bedarf korrigieren. Diese Informationen werden von Google Wallet genutzt, um Ihr Konto für die Abrechnung mit dem Mobilfunkanbieter als Zahlungsmittel in Ihrem Google

Wallet-Konto festzulegen und um den Dienst durchzuführen. Sie stimmen außerdem zu, dass GPL und Ihr Mobilfunkanbieter Informationen zu Ihrer Abrechnungsaktivität austauschen können, um Ihr Konto für die Abrechnung über den Mobilfunkanbieter zu belasten bzw. um diesem Konto Beträge gutzuschreiben und um anderweitig Zahlungen für Käufe, Stornierungen, Erstattungen oder Korrekturen für Zahlungsvorgänge durchzuführen, Streitfälle zu klären und Kundenservice bereitzustellen und um andere Aktivitäten im Zusammenhang mit der Abrechnung über den Mobilfunkanbieter zu ermöglichen.

(b) Wenn Sie als Zahlungsmethode für eine Transaktion die Abrechnung über den Mobilfunkanbieter auswählen, berechtigen Sie den Verkäufer und GPL, Belastungen und Gutschriften an Ihren Mobilfunkanbieter zu senden, und Ihren Mobilfunkanbieter, solche Belastungen und Gutschriften bei Bedarf an Ihr Konto für die Abrechnung über den Mobilfunkanbieter zu senden, um den Zahlungsvorgang bzw. die Stornierung, Erstattung oder Korrektur dieses Zahlungsvorgangs durchzuführen.

(c) Sie können die Abrechnung über den Mobilfunkanbieter nutzen, um Anwendungen wie herunterladbare Anwendungen, Netzwerkanwendungen, Hintergrundbilder, Klingeltöne, Spiele oder Produktivitäts-Tools ("Apps") für und mit Ihrem kompatiblen Gerät von bestimmten Händlern bei Google Play zu erwerben. Diese Apps werden weder von Ihrem Mobilfunkanbieter noch von Google, GPL oder Google Play verkauft. Der Verkäufer wird zum Zeitpunkt des Kaufs der App ausgewiesen.

(d) Bei Käufen über die Abrechnung mit dem Mobilfunkanbieter gelten zudem die Nutzungsbedingungen für Ihr Konto für die Abrechnung über den Mobilfunkanbieter. Sie sind für alle Gebühren verantwortlich, die Ihnen gemäß den Nutzungsbedingungen für Ihr Konto für die Abrechnung über den

Mobilfunkanbieter im Rahmen der Nutzung der Abrechnung über den Mobilfunkanbieter entstehen.

(e) Bei Fragen zu Gebühren im Zusammenhang mit Ihrem Konto für die Abrechnung über den Mobilfunkanbieter können Sie sich an den Kundenservice Ihres Mobilfunkanbieters wenden. Fragen im Zusammenhang mit Google Wallet beantwortet der Google Wallet-Kundenservice. Fragen zu Produkten, wie zum Beispiel zu Android-Apps, die Sie über die Abrechnung mit dem Mobilfunkanbieter gekauft haben, sind an den Verkäufer der App zu richten.

(f) Für Produkte (einschließlich Apps), die über die Abrechnung mit dem Mobilfunkanbieter gekauft werden, ist weder der Mobilfunkanbieter noch Google, GPL oder Google Play verantwortlich. Dies gilt auch für Fehler, Unterbrechungen oder Verzögerungen beim Download oder bei der Installation, Nutzung und Übertragung sowie für Erstattungen, Anzeigen von Dritten im Produkt oder in der App, Änderungen der Funktionsweise Ihres Geräts durch die App (einschließlich Änderungen, die sich auf den Tarif, den Dienst oder die Abrechnung Ihres Mobilfunkanbieters auswirken) und für Inhalte oder Websites, auf die Sie über die App zugreifen können.

11.10 Abonnements/wiederkehrende Transaktionskäufe:

Ihr Abonnement beginnt, sobald Sie bei einem Abonnementkauf auf "Akzeptieren & kaufen" klicken. Bei einem Abonnementkauf handelt es sich um eine wiederkehrende Abrechnungstransaktion. Soweit nicht anders angegeben, laufen Ihr Abonnement und die zugehörige Abrechnungsautorisierung so lange weiter, bis sie von Ihnen gekündigt werden.

(b) Indem Sie auf "Akzeptieren & kaufen" klicken, berechtigen Sie den jeweiligen Verkäufer, während der Laufzeit des Abonnements den Kaufbetrag über Ihr

gewähltes Zahlungsmittel abzurechnen. Der Kaufbetrag
wird bis zu Ihrer Kündigung des Abonnements mit Ihrem
ausgewählten Zahlungsmittel abgerechnet, sofern in den
Nutzungsbedingungen nichts anderes angegeben ist. Der
Abrechnungssatz kann während der Abonnementlaufzeit
vom Verkäufer geändert werden.

(c) Ihr Zahlungsmittel wird regelmäßig gemäß dem Datum
des Abonnementkaufs belastet.

(d) Sie können ein Abonnement jederzeit kündigen. Die
Kündigung wird jedoch erst nach dem Ende des laufenden
Abrechnungszeitraums wirksam. Für den laufenden
Abrechnungszeitraum erhalten Sie keine Erstattung.
Während der Restlaufzeit des Abrechnungszeitraums stehen
Ihnen die abonnierten Inhalte weiter zur Verfügung.

(e) Wir behalten uns das Recht vor, Erstattungen oder
Guthaben auszuzahlen. Ob und wie diese Erstattungen
oder Guthaben ausgezahlt werden, unterliegt allein unserem
Ermessen. Durch die Auszahlung einer Erstattung oder
eines Guthabens verpflichten wir uns nicht, zukünftig die
gleiche oder eine ähnliche Erstattung auszuzahlen.

12. Google Play-Geschenkkarten
12.1 Voraussetzungen und Einlösung. Google Play-
Geschenkkarten ("Geschenkkarten") sind nur für Nutzer
gültig, die mindestens 13 Jahre alt sind und ihren Wohnsitz
in Deutschland haben. Geschenkkarten werden von GPL
ausgestellt und an Sie verkauft. Zum Einlösen einer Google
Play-Geschenkkarte benötigen Sie Internetzugriff und ein
Google Wallet-Konto. Für Nutzer, die zwischen 13 und 17
Jahre alt sind, ist die Google Wallet-Anmeldung
ausschließlich auf die Einlösung von Geschenkkarten bei
Google Play beschränkt. Google Play-Geschenkkarten
dürfen nur für den Kauf von zulässigen Produkten auf
http://play.google.com eingelöst werden. Die
Einkaufsbeträge werden vom Guthaben der Geschenkkarte
abgezogen. Nicht genutztes Guthaben von Google Play-

Geschenkkarten wird beim Einlösen im
Geschenkkartenkonto des Empfängers verbucht. Google
stellt den Käufern von Google Play-Geschenkkarten
möglicherweise Informationen über deren Einlösungsstatus
bereit. Das aktuelle Guthaben von Google Play-
Geschenkkarten können Sie unter
https://wallet.google.com/viewWallet einsehen.

12.2 Einschränkungen. Geschenkkarten dürfen
ausschließlich für den Kauf ausgewählter Artikel bei Google
Play verwendet werden. Für die Einlösung und
Verwendung gelten möglicherweise Beschränkungen.
Geschenkkarten können nicht für den Kauf von
Abonnements, Hardware oder Artikeln aus dem Bereich
"Geräte" von Google Play verwendet werden.
Geschenkkarten können nicht gegen Bargeld oder andere
Karten eingelöst werden. Es ist nicht möglich, sie wieder
aufzuladen, zu erstatten oder mit anderen, nicht von
Google Play stammenden Geschenkkartenguthaben in
Ihrem Google Wallet-Konto zu kombinieren. Ferner ist es
nicht zulässig, sie außer in der gesetzlich vorgesehenen
Weise weiterzuverkaufen, zu tauschen oder entgeltlich zu
übertragen. Wenn Ihr Google Play-Guthaben für die
Bezahlung eines Artikels bei Google Play nicht ausreicht,
können Sie mit einer Kredit- oder Debitkarte zusätzliches
Guthaben erwerben, um die Zahlung dieses Artikels
abzuschließen. Sie können auch eine weitere Geschenkkarte
verwenden, um Ihren Kauf abzuschließen, oder den Artikel
vollständig mithilfe eines anderen Zahlungsmittels bezahlen.
Wir dürfen die für Geschenkkarten geltenden Bedingungen
in unserem alleinigen Ermessen vorbehaltlich des
anwendbaren Rechts ändern. Mit dem Kauf einer
Geschenkkarte geht die Gefahr deren Verlustes auf den
Käufer über. GPL schließt alle ausdrücklichen oder
stillschweigenden Gewährleistungen hinsichtlich der Google
Play-Karte und Google Play aus. Die aktuellen Bedingungen
für Google Play-Geschenkkarten finden Sie online unter
http://play.google.com/intl/ALL_de/about/card-
terms.html.

12.3 Keine Gebühren und kein Ablaufdatum. Die Geschenkkarte verfällt nicht und ist mit keinerlei Gebühren verbunden. Erstattete Beträge werden, sofern vorhanden, dem Google Play-Geschenkkartenguthaben gutgeschrieben und können zu einem späteren Zeitpunkt unter denselben Bedingungen verwendet werden, sofern dies gesetzlich zulässig ist.

12.4 Betrug. Google ist nicht für Verlust, Diebstahl, Beschädigung oder unrechtmäßige Verwendung von Geschenkkarten verantwortlich. Google ist berechtigt, Kundenkonten zu schließen und auf alternative Abrechnungsmethoden zurückzugreifen, wenn eine in betrügerischer Weise erlangte Geschenkkarte eingelöst und/oder für Einkäufe auf Google.com verwendet wird.

12.5 Online-Hilfe und Kundenservice. Das Guthaben Ihrer Google Play-Geschenkkarten können Sie unter support.google.com/googleplay/card-help einsehen.

13. Zulässige Zahlungsvorgänge
13.1 Sie dürfen diesen Dienst nur zur Abwicklung eines Zahlungsvorgangs für Produkte nutzen, die Sie durch einen rechtmäßigen und gutgläubigen (bona fide) Kauf von einem Verkäufer erwerben. Der Dienst darf nicht genutzt werden, um einen Zahlungsvorgang für einen Verkäufer zu verarbeiten, der keinen Bezug zum Kauf eines Produkts hat, oder um anderweitig E-Geld oder einen Geldwert an einen solchen Verkäufer zu übertragen.

13.2 Der Dienst darf nicht verwendet werden, um Barvorschüsse von Verkäufern zu erhalten oder um Barwerte wie Reiseschecks, Prepaid-Karten oder Geldbriefe zu kaufen. Für die folgenden Aktivitäten ist die Nutzung des Dienstes nicht gestattet:

(a) Abwicklung von Zahlungsvorgängen in Verbindung mit dem Verkauf oder Austausch von Waren oder Dienstleistungen, deren Verkauf oder Kauf in dem Land, in dem Sie ansässig sind oder aus dem Sie auf den Dienst zugreifen, gesetzeswidrig ist

(b) Abwicklung von Zahlungsvorgängen in Verbindung mit dem Verkauf oder Austausch von Waren oder Dienstleistungen, deren Verkauf oder Kauf in dem Land, in dem der Verkäufer ansässig ist oder aus dem er auf den Dienst zugreift, gesetzeswidrig ist

(c) Nutzung des Dienstes in Verbindung mit einer anderen zugrunde liegenden Transaktion, die gesetzeswidrig ist

13.3 Sie stimmen zu, dass Sie den Dienst nicht zur Abwicklung von Zahlungsvorgängen für Produkte verwenden, die gegen die Vereinbarung, sonstige für den Dienst geltende Richtlinien oder Regelungen in ihrer jeweils aktueller Fassung oder geltendes Recht verstoßen. Die aktuellen Richtlinien, in der die Produkte und sonstigen Transaktionen festgelegt sind, die nicht über den Dienst bezahlt werden dürfen, finden Sie hier. Das Nichtbefolgen dieser Einschränkungen kann zur Aussetzung oder Kündigung des Dienstes führen.

14. Dienstgebühren, Fremdwährungen, Zinsen
14.1 GPL stellt Ihnen keine Gebühren für die Nutzung des Dienstes in Rechnung. Für die Nutzung des Dienstes können für Sie jedoch Steuern oder Kosten von Dritten anfallen. Sie stimmen beispielsweise zu und verstehen, dass das Finanzinstitut oder der Anbieter, das bzw. der Ihr Zahlungsmittel ausstellt, Ihnen in Verbindung mit der Belastung oder Gutschrift Ihres Zahlungsmittels aufgrund des Zahlungsvorgangs eine Gebühr in Rechnung stellen kann. Weitere Informationen zu solchen eventuell anfallenden Gebühren entnehmen Sie bitte den Nutzungsbedingungen für Ihr Zahlungsmittel.

14.2 GPL führt im Rahmen des Dienstes keinen Währungsumtausch durch.

14.3 GPL stellt Ihnen für die Nutzung des Dienstes keine Zinsen in Rechnung.

15. Streitfälle

15.1 GPL stellt zur Klärung von Streitfällen, die sich im Zusammenhang mit einer über den Dienst verarbeiteten Transaktion ergeben können, verschiedene Möglichkeiten zur Kommunikation mit Verkäufern zur Verfügung. Sollten Sie einen Streitfall mit einem Verkäufer nicht klären können, kann GPL zwischen beiden Parteien vermitteln, sofern eine der Parteien um Unterstützung bittet. In diesem Fall untersucht GPL den Streitfall und schlägt gegebenenfalls eine unverbindliche Lösung vor. Weitere Informationen hierzu finden Sie in unseren häufig gestellten Fragen.

15.2 Möglicherweise bietet GPL im Rahmen des Dienstes ein Feedback- oder anderes Ranking-System an, das Sie bei der Bewertung des Dienstes unterstützt. Sie erkennen an, dass ein solches Feedback- oder Ranking-System lediglich die Meinung anderer Nutzer des Dienstes wiedergibt und keine Meinung, Darstellung oder Gewährleistung seitens GPL im Hinblick auf andere Nutzer des Dienstes ist.

15.3 Bei allen Streitfällen oder Forderungen, die im Rahmen der Vereinbarung oder als Folge der Bereitstellung des Dienstes durch GPL entstehen, sollten Sie sich in erster Instanz über die Funktion "Kontakt" in der Käufer-Hilfe an den Kundenservice von GPL wenden. Weitere Informationen zu den internen Beschwerdeverfahren finden Sie hier. Beschwerden, die nicht zu Ihrer Zufriedenheit geklärt wurden, können Sie, auch in deutscher Sprache, an den Financial Ombudsman Service (FOS) richten. Nähere Informationen zum FOS erhalten Sie unter http://www.financial-ombudsman.org.uk oder auf Deutsch unter http://www.financial-ombudsman.org.uk/accessibility/german/Ihre_Beschwerde_und_der_Ombudsmann.htm.

16. Erstattungen und Rücktausch

16.1 Da Sie E-Geld über den Dienst erwerben und umgehend für den Kauf von Produkten ausgeben, ist kein Rücktausch dieses E-Gelds möglich. Bei Erstattungen durch einen Verkäufer oder GPL wird das E-Geld zurückgetauscht und der entsprechende Betrag wird Ihrem Zahlungsmittel gutgeschrieben.

16.2 Falls sich nach Beendigung der Vereinbarung noch E-Geld in Ihrem Konto befindet und anwendbare Prüfungen zum Schutz vor Geldwäsche, Betrug und anderen illegalen Aktivitäten abgeschlossen wurden, wird GPL den vollständigen Betrag des E-Gelds ohne Verzögerung zurücktauschen und den Betrag nach der Beendigung an Ihr Zahlungsmittel senden.

16.3 Falls der ausstehende E-Geldbetrag nicht gemäß Ziffer 16.2 zurückgetauscht werden kann, haben Sie nach der Beendigung der Vereinbarung sechs (6) Jahre Zeit, den vollständigen Rücktausch des ausstehenden Betrags anzufordern. Nach Ablauf dieses Zeitraums wird jegliches E-Geld in Ihrem Konto Eigentum von GPL. Für die Zwecke dieser Ziffer 16.3 endet die Vereinbarung, wenn Sie Ihr E-Geld nicht mehr zum Durchführen von Zahlungsvorgängen nutzen können. Jeglicher Rücktausch gemäß Ziffer 16.3 unterliegt dem erfolgreichen Abschluss anwendbarer Prüfungen zum Schutz vor Geldwäsche, Betrug und anderen illegalen Aktivitäten. Außerdem stimmen Sie zu, GPL auf Anfrage Informationen bereitzustellen, die GPL für diese Prüfungen benötigt.

16.4 Keine Aussage in Ziffer 16.3 bedeutet eine Einschränkung des Rechts von GPL auf Kündigung der Vereinbarung gemäß Ziffer 19.4 und/oder auf Rücktausch gemäß Ziffer 16.2.

17. Ihre Haftung

17.1 Im Fall von unbefugten Zahlungsvorgängen haben Sie nur dann Anspruch auf eine Entschädigung gemäß Ziffer

17.2, wenn Sie GPL ohne unangemessene Verzögerung von dem unbefugten Zahlungsvorgang in Kenntnis setzen. Diese Meldung muss spätestens innerhalb von dreizehn (13) Monaten nach dem Abbuchungsdatum erfolgen. Das Abbuchungsdatum entspricht hierbei dem Datum, an dem Ihr Zahlungsmittel belastet wurde. Diese zeitliche Beschränkung gilt jedoch nicht, wenn GPL Ihnen die relevanten Informationen zum Zahlungsvorgang nicht wie gesetzlich vorgeschrieben bereitgestellt oder verfügbar gemacht hat (etwa im Transaktionsverlauf in Ihrem Konto).

17.2 Sollten Sie Anspruch auf eine Entschädigung haben, wird GPL den Betrag aus unbefugten Zahlungsvorgängen umgehend erstatten und Ihr Konto gegebenenfalls in den Zustand versetzen, in dem es sich befinden würde, wenn der unbefugte Zahlungsvorgang nicht stattgefunden hätte. In der Praxis bedeutet dies, dass E-Geld in Höhe des Zahlungsvorgangs Ihrem Konto gutgeschrieben, rückgetauscht und umgehend Ihrem Zahlungsmittel gutgeschrieben wird.

17.3 GPL wird umgehend Zahlungsvorgänge nachverfolgen und Sie von dem Ergebnis in Kenntnis setzen, wenn Sie dies anfordern.

17.4 Wenn Sie auf betrügerische Weise gehandelt oder absichtlich bzw. grob fahrlässig Aspekte der Vereinbarung für Ihr Konto nicht eingehalten haben, sind Sie für jegliche Verluste durch unbefugte Transaktionen haftbar.

18. Keine Befürwortung von Produkten
18.1 GPL ist weder Vertreter oder Befürworter noch verantwortlich für Folgendes:

(a) Sicherheit, Qualität, Genauigkeit, Zuverlässigkeit, Integrität oder Rechtmäßigkeit von Produkten sowie Richtigkeit oder Genauigkeit der Beschreibung von Produkten oder von Inhalten, die über den Dienst angezeigt, vertrieben, verkauft oder bezahlt werden

(b) Ihre Fähigkeit, Produkte zu kaufen, und die Fähigkeit von Verkäufern, Produkte an Sie zu liefern

18.2 GPL behält sich das Recht vor, ist jedoch nicht dafür verantwortlich, Inhalte vollständig oder teilweise zu bearbeiten, zu ändern, zu entfernen oder deren Veröffentlichung zu verweigern, die GPL nach alleinigem Ermessen als unzulässig, fehlerhaft, rechtswidrig, betrügerisch oder in sonstiger Weise als die Vereinbarung verletzend erachtet.

19. Beenden Ihrer Beziehung zu GPL

19.1 Die Vereinbarung wird fortgeführt, bis Sie oder GPL diese wie nachfolgend erläutert beenden.

19.2 Wenn Sie Ihre rechtskräftige Vereinbarung mit GPL beenden möchten, können Sie dies jederzeit sofort und ohne Gebühren tun, indem Sie wie folgt vorgehen:

(a) Sie benachrichtigen GPL gemäß Ziffer 23.5 unten und

(b) Sie schließen Ihr Konto für den Dienst.

19.3 GPL hat das Recht, seine rechtskräftige Vereinbarung mit Ihnen jederzeit fristlos zu beenden, wenn einer der folgenden Fälle vorliegt:

(a) Sie haben gegen eine wesentliche Regelung der Vereinbarung verstoßen oder durch Ihr Handeln klar gezeigt, dass Sie nicht vorhaben oder nicht fähig sind, die wesentlichen Regelungen der Vereinbarung einzuhalten.

(b) GPL ist rechtlich zu diesem Schritt verpflichtet, zum Beispiel, wenn die Bereitstellung des Dienstes gegenüber Ihnen gesetzeswidrig ist oder wird.

19.4 Sofern nicht in dieser Vereinbarung eine kürzere gesetzlich zulässige Frist angegeben ist, ist GPL berechtigt, die Vereinbarung jederzeit mit einer Kündigungsfrist von zwei (2) Monaten zu beenden.

19.5 Bei Beendigung dieser Vereinbarung bleiben alle Rechte, Pflichten und Haftungsansprüche, die für Sie und GPL galten oder die während der Dauer der Gültigkeit der Vereinbarung entstanden sind oder für die eine unbestimmte Gültigkeit angegeben ist, von der Beendigung unberührt. Die Bestimmungen aus Ziffer 24.6 gelten für solche Rechte, Pflichten und Haftungsansprüche weiterhin unbegrenzt.

20. Gewährleistungsausschluss
20.1 GPL sowie seine Tochtergesellschaften und verbundenen Unternehmen (und deren Lizenzgeber) geben keine ausdrücklichen Gewährleistungen oder Garantien im Hinblick auf die Bereitstellung des Dienstes.

20.2 Insbesondere geben GPL sowie seine Tochtergesellschaften und verbundenen Unternehmen (und deren Lizenzgeber) keine Gewährleistungen oder Garantien in folgender Hinsicht:

(a) Die Nutzung des Dienstes durch Sie entspricht Ihren Anforderungen.

(b) Sie können den Dienst unterbrechungsfrei, zeitgerecht, sicher oder fehlerfrei nutzen.

(c) Alle Informationen, die Sie aufgrund der Nutzung des Dienstes erhalten, sind korrekt und zuverlässig.

20.3 Für den Dienst gelten keine Bedingungen, Gewährleistungen und sonstigen Bestimmungen (einschließlich stillschweigender Bedingungen im Hinblick auf zufriedenstellende Qualität, Eignung für einen bestimmten Zweck und Übereinstimmung mit der Beschreibung) mit Ausnahme derjenigen, die in dieser Vereinbarung ausdrücklich genannt werden.

20.4 Keine Bedingung dieser Vereinbarung wirkt sich auf
die gesetzlichen Rechte aus, die Ihnen als Verbraucher
immer zustehen und deren Änderung oder Verzicht Sie
nicht durch einen Vertrag zustimmen können.

21. Haftungsbegrenzung

21.1 Durch keine Bestimmung der Vereinbarung wird die
gesetzlich geregelte Verlusthaftung durch GPL in
rechtswidriger Weise ausgeschlossen oder eingeschränkt.
Insbesondere wird durch keine Bestimmung der
Vereinbarung die Haftung von GPL für Folgendes
ausgeschlossen oder eingeschränkt:

(a) Tod oder Körperverletzung aufgrund der Fahrlässigkeit
einer der Parteien oder ihrer Angestellten, Vertreter oder
Mitarbeiter

(b) Betrug oder arglistige Täuschung

(c) Verstoß gegen eine stillschweigende Bedingung in Bezug
auf Rechtsansprüche oder ungestörten Besitz

(d) Missbrauch vertraulicher Informationen

21.2 In Übereinstimmung mit Ziffer 21.1 oben können
GPL sowie seine Tochtergesellschaften und verbundenen
Unternehmen (und deren Lizenzgeber) von Ihnen nicht für
Folgendes haftbar gemacht werden:

(a) indirekte oder Folgeschäden, die Sie erleiden. Dies
schließt entgangenen Gewinn (ob direkt oder indirekt
entstanden), den Verlust von Firmenwert oder
geschäftlicher Reputation sowie den Verlust von Daten
durch Sie ein.

(b) jeglicher Verlust oder Schaden, der Ihnen durch
folgende Vorgänge entstanden ist:

(i) jegliches von Ihnen in die Vollständigkeit, die Genauigkeit oder das Vorhandensein von Werbung gesetzte Vertrauen sowie jegliches Vertrauen Ihrerseits, das auf einer Beziehung oder Transaktion zwischen Ihnen und einem Inserenten oder Sponsor basiert, dessen Werbung im Dienst erscheint

(ii) jegliche Änderung, die GPL am Dienst vornimmt, oder jegliche dauerhafte oder vorübergehende Einstellung der Bereitstellung des Dienstes oder von Merkmalen des Dienstes

(iii) Störung des Dienstes

(iv) Löschung, Beschädigung oder Fehler beim Speichern von Kommunikationsdaten, die bei der Nutzung des Dienstes durch Sie aufbewahrt oder übertragen werden

(v) Unterlassung der Bereitstellung von genauen Kontoinformationen an GPL durch Sie

(vi) jegliche Nutzung des Dienstes durch Sie in betrügerischer Absicht

21.3 GPL wird Ihnen jedoch jegliche Gebühren oder Zinsen erstatten, die Ihnen entstehen, weil GPL einen Zahlungsvorgang fehlerhaft oder überhaupt nicht durchführt.

22. Änderungen an der Vereinbarung
22.1 Sie stimmen zu, dass GPL gelegentlich Änderungen an der Vereinbarung vornehmen kann. GPL informiert Sie über solche Änderungen zwei (2) Monate im Voraus, es sei denn, eine kürzere gesetzlich zulässige Frist ist in dieser Vereinbarung festgelegt. Dazu wird vor dem geplanten Zeitpunkt des Inkrafttretens der Änderungen eine E-Mail an Ihre E-Mail-Adresse gesendet.

22.2 Es ist Ihnen bewusst und Sie stimmen zu, dass die Änderungen als von Ihnen angenommen gelten, sofern Sie GPL nicht gemäß Ziffer 23.5 vor dem geplanten Zeitpunkt des Inkrafttretens der Änderungen über das Gegenteil benachrichtigen. In diesem Fall wird die Vereinbarung unverzüglich und vor dem Zeitpunkt des Inkrafttretens der Änderungen kostenlos beendet. Außerdem haben Sie das Recht, die Vereinbarung jederzeit vor dem Datum des Inkrafttretens der Änderungen umgehend zu beenden, ohne dass Gebühren in Rechnung gestellt werden.

22.3 Abschnitt 22 schränkt in keiner Weise Folgendes ein:

(a) das Recht von GPL, von Zeit zu Zeit ohne vorherige Ankündigung seine Richtlinien zu aktualisieren und zu überarbeiten oder neue Funktionen hinzuzufügen, die Sie durch die Nutzung annehmen. Die Methode zur Einführung dieser Überarbeitungen kann GPL nach eigenem Ermessen wählen, beispielsweise per E-Mail-Mitteilung oder durch Veröffentlichung auf einer Google-Website.

(b) das Recht der Parteien, die Bestimmungen von Ziffer 22 zu ändern, sofern die Änderung nicht gesetzeswidrig ist und beide Parteien ihr zustimmen.

23. Mitteilungen und Kommunikation
23.1 Alle Informationen werden Ihnen auf leicht zugängliche Weise verfügbar gemacht und sind in leicht begreiflicher Sprache mit klaren und verständlichen Formulierungen auf Deutsch und/oder Englisch verfasst.

23.2 Mitteilungen, Hinweise und andere Kommunikationen für Sie können auf dem Postweg, per E-Mail, als Veröffentlichungen auf einer GPL-Website oder auf einem anderen angemessenen Weg erfolgen.

23.3 GPL kann für die Kommunikation mit Ihnen bezüglich des Dienstes elektronische Formen der Kommunikation verwenden. Dazu zählen (a) das Senden von E-Mails an Ihre E-Mail-Adresse und (b) das Veröffentlichen von Mitteilungen auf einer GPL-Website. Sie stimmen zu, dass GPL Ihnen elektronische Mitteilungen im Zusammenhang mit der Nutzung des Dienstes sendet, einschließlich dieser Vereinbarung (sowie deren Änderungen oder Ergänzungen), Ankündigungen oder Offenlegungen, die den Dienst und Zahlungsaufträge betreffen. Die einzelnen Mitteilungen werden dabei wie folgt gehandhabt:

- Die Vereinbarung wird Ihnen bei der Anmeldung in einem ausdruckbaren Format bereitgestellt.
- Nachträgliche Änderungen dieser Vereinbarung werden an Ihre E-Mail-Adresse gesendet.
- Sofern in dieser Vereinbarung nicht anders geregelt, wird eine Kündigung der Vereinbarung an Ihre E-Mail-Adresse gesendet.
- Mitteilungen zu Zahlungen und Einlösungen werden im Transaktionsverlauf in Ihrem Konto bereitgestellt.
- Mitteilungen über die Aussetzung des Dienstes werden im Transaktionsverlauf in Ihrem Konto bereitgestellt.
- Mitteilungen über die Ablehnung von Zahlungen und Erstattungen werden im Transaktionsverlauf in Ihrem Konto bereitgestellt.

23.4 Sie sollten die elektronische Kommunikation aufbewahren, indem Sie diese ausdrucken oder in elektronischer Form speichern. Es wird davon ausgegangen, dass Sie in der Lage sind, die elektronisch gesendeten Informationen auszudrucken bzw. zu speichern.

23.5 Jede Mitteilung an GPL im Rahmen der Vereinbarung ist per Einschreiben an GPL Payment Limited, Belgrave House, 76 Buckingham Palace Road, London SW1W 9TQ,

Großbritannien zu senden und an das "GPL Wallet Team"
zu adressieren, wobei die folgenden Ausnahmen gelten:

- Benachrichtigungen über Verlust, Diebstahl, unbefugte
  Nutzung oder Sicherheitsverstöße sind umgehend über
  die Option "Kontakt" in der Käufer-Hilfe zu melden.
- Die Kündigung dieser Vereinbarung ist über "Kontakt"
  in der Käufer-Hilfe zu senden.
- Mitteilungen gemäß Ziffer 22.2 sind über die Funktion
  "Kontakt" in der Käufer-Hilfe zu senden.

23.6 Sie können Ihre Transaktionen kostenlos einsehen,
indem Sie den Transaktionsverlauf in Ihrem Konto
aufrufen. Dieser wird regelmäßig aktualisiert. Sie sind damit
einverstanden, dass Sie keine gedruckten Auszüge erhalten.
Auf Anfrage stellen wir Ihnen nach unserem eigenen
Ermessen zusätzliche Auszüge für die Transaktionen zur
Verfügung (in Papier- oder anderer Form), berechnen
Ihnen dann jedoch möglicherweise eine angemessene
Verwaltungsgebühr.

24. Allgemeine rechtliche Bestimmungen
24.1 Die Überschriften in dieser Vereinbarung dienen
lediglich der vereinfachten Bezugnahme und haben keinen
Einfluss auf die Auslegung oder Deutung der Vereinbarung.

24.2 Verweise auf Gesetze oder Rechtsnormen beziehen
sich auf die jeweils aktuelle Fassung unter Berücksichtigung
der zwischenzeitlich erfolgten Änderungen, Ergänzungen
oder Novellierungen.

24.3 Sofern in dieser Vereinbarung nicht anders angegeben,
ist die Währung aller hier genannten Beträge Euro.

24.4 Die vorliegende Vereinbarung stellt die gesamte
rechtliche Vereinbarung zwischen Ihnen und GPL dar und
ist für Ihre Nutzung des Dienstes maßgeblich. Hiervon
nicht betroffen sind Dienste, die GPL Ihnen im Rahmen

einer separaten schriftlichen Vereinbarung bereitstellt. Die vorliegende Vereinbarung ersetzt alle Vereinbarungen, die eventuell zuvor zwischen Ihnen und GPL mit Bezug auf den Dienst getroffen wurden.

24.5 Sie stimmen zu, dass eine Nichtausübung oder -durchsetzung der Rechte oder Rechtsmittel, die sich aus dieser Vereinbarung oder aus dem geltenden Recht für GPL ergeben, nicht als formeller Verzicht auf diese Rechte durch GPL gilt und dass GPL weiterhin über diese Rechte und Rechtsmittel verfügt.

24.6 Wird von einem zuständigen Gericht die Ungültigkeit einer Bestimmung dieser Vereinbarung festgestellt, wird diese Bestimmung ohne Beeinträchtigung der restlichen Bestimmungen aus der Vereinbarung entfernt. Die übrigen Bestimmungen dieser Vereinbarung behalten ihre Gültigkeit und Vollstreckbarkeit.

24.7 Es ist Ihnen nicht gestattet, ohne vorherige schriftliche Genehmigung durch GPL Ihre Leistungen, Rechte oder Pflichten aus der Vereinbarung im Rahmen eines Nebenvertrags oder in sonstiger Weise auf Dritte zu übertragen. GPL ist ohne Ihre Benachrichtigung oder Zustimmung berechtigt, seine Leistungen, Rechte und Pflichten aus der Vereinbarung auf einen beliebigen Drittanbieter zu übertragen.

24.8 Sie erkennen an und stimmen zu, dass jedes Mitglied der zu GPL gehörenden Unternehmensgruppe Drittbegünstigter der Vereinbarung ist und dass jedes dieser Unternehmen jede Klausel, die ihm eine Leistung oder Rechte zuspricht, direkt durchsetzen und geltend machen kann. Mit Ausnahme dieser Unternehmen sind keine anderen Personen oder Unternehmen Drittbegünstigte der Vereinbarung.

24.9 Die Vereinbarung und Ihre Beziehung zu GPL im Rahmen der Vereinbarung unterliegen deutschem Recht. Sie und GPL erkennen die Zuständigkeit der Gerichte Hamburgs für Rechtsangelegenheiten im Hinblick auf die Vereinbarung an. Ungeachtet dieser Ziffer 24.9 stimmen Sie zu, dass GPL auch in anderen Rechtsordnungen Unterlassungsansprüche oder entsprechende Rechtsmittel geltend machen kann.

Anlage 5

Abgerufen von URL:

http://www.google.de/policies/terms/regional.html

Abgerufen am: 22. September 2013, 15:00 Uhr

Datenschutzerklärung

Zuletzt geändert am: 24. Juni 2013 (archivierte Versionen anzeigen)

Sie können unsere Dienste auf vielfältige Weise nutzen – um nach Informationen zu suchen und diese zu teilen, um mit anderen zu kommunizieren oder um neue Inhalte zu erstellen. Wenn Sie uns Informationen mitteilen, zum Beispiel durch Erstellung eines Google-Kontos, sind wir in der Lage diese Dienste noch zu verbessern – indem wir Ihnen relevantere Suchergebnisse und Werbung anzeigen, Ihnen dabei helfen, mit anderen in Kontakt zu treten oder schneller und einfacher Inhalte mit anderen zu teilen. Wir möchten, dass Sie als Nutzer unserer Dienste verstehen, wie wir Informationen nutzen und welche Möglichkeiten Sie haben, um Ihre Daten zu schützen.

In unserer Datenschutzerklärung wird erläutert:

- Welche Informationen wir erheben und aus welchem Grund.
- Wie wir diese Informationen nutzen.
- Welche Wahlmöglichkeiten wir anbieten, auch im Hinblick darauf, wie auf Informationen zugegriffen werden kann und wie diese aktualisiert werden können.

Wir haben uns um eine möglichst einfache Darstellung bemüht, wenn Sie jedoch mit Begriffen wie Cookies, IP-Adressen, Pixel-Tags und Browsern nicht vertraut sind, sollten Sie sich zunächst über diese Schlüsselbegriffe informieren. Der Schutz Ihrer Daten ist Google wichtig und daher bitten wir Sie, unabhängig davon, ob Sie ein neuer oder langjähriger Nutzer von Google sind, sich die Zeit zu nehmen, um unsere Praktiken kennenzulernen – und wenn Sie dazu Fragen haben sollten, können Sie uns kontaktieren.

Von uns erhobene Informationen
Wir erheben Informationen, um all unseren Nutzern bessere Dienste zur Verfügung zu stellen – von der Feststellung grundlegender Aspekte wie zum Beispiel der Sprache, die Sie sprechen, bis hin zu komplexeren Angelegenheiten wie zum Beispiel der Werbung, die Sie besonders nützlich finden, oder der Personen, die Ihnen online am wichtigsten sind.

Wir erheben Informationen auf zwei Arten:

* **Daten, die Sie uns mitteilen:** Zur Nutzung vieler Google-Dienste müssen Sie beispielsweise zunächst ein Google-Konto erstellen. Hierfür werden wir Sie nach personenbezogenen Daten wie Ihrem Namen, Ihrer E-Mail-Adresse, Ihrer Telefon- oder Kreditkartennummer fragen. Falls Sie von den von uns angebotenen Funktionen zum Teilen von Inhalten vollumfänglich profitieren möchten, fordern wir Sie möglicherweise auch dazu auf, ein öffentlich einsehbares Google-Profil zu erstellen, das auch Ihren Namen und Ihr Foto beinhalten kann.

* **Informationen, die wir aufgrund Ihrer Nutzung unserer Dienste erhalten:** Wir erfassen möglicherweise Informationen über die von Ihnen genutzten Dienste und die Art und Weise, wie Sie diese nutzen, beispielsweise wenn Sie eine Website besuchen, auf der unsere Werbedienste verwendet werden oder wenn Sie unsere Werbung und unsere Inhalte ansehen und damit interagieren.

Derartige Informationen beinhalten:

> o **Gerätebezogene Informationen**
> Wir erfassen möglicherweise gerätespezifische
> Informationen (beispielsweise das von Ihnen
> verwendete Hardware-Modell, die Version des
> Betriebssystems, eindeutige Gerätekennungen
> und Informationen über mobile Netzwerke,
> einschließlich Ihrer Telefonnummer). Google
> verknüpft Ihre Gerätekennungen oder
> Telefonnummer gegebenenfalls mit Ihrem
> Google-Konto.

o **Protokolldaten**
Wenn Sie unsere Dienste nutzen oder von
Google bereitgestellte Inhalte aufrufen,
erfassen und speichern wir bestimmte Daten
gegebenenfalls in Serverprotokollen. Diese
Protokolle können Folgendes enthalten:
   o Einzelheiten zu der Art und Weise, wie Sie
   unsere Dienste genutzt haben,
   beispielsweise Ihre Suchanfragen.
   o Telefonieprotokollinformationen wie Ihre
   Telefonnummer, Anrufernummer,
   Weiterleitungsnummern, Datum und
   Uhrzeit von Anrufen, Dauer von Anrufen,
   SMS-Routing-Informationen und Art der
   Anrufe.
   o IP-Adresse.
   o Daten zu Geräteereignissen wie Abstürze,
   Systemaktivität, Hardware-Einstellungen,
   Browser-Typ, Browser-Sprache, Datum
   und Uhrzeit Ihrer Anfrage und Referral-
   URL.
   o Cookies, über die Ihr Browser oder Ihr
   Google-Konto eindeutig identifiziert
   werden können.

> o **Standortbezogene Informationen**
> Bei der Nutzung standortbezogener Google-
> Dienste erheben und verarbeiten wir
> möglicherweise Informationen über Ihren

tatsächlichen Standort, wie zum Beispiel die von einem Mobilfunkgerät gesendeten GPS-Signale. Darüber hinaus verwenden wir zur Standortbestimmung verschiedene Technologien, wie zum Beispiel Sensordaten Ihres Geräts, die beispielsweise Informationen über nahegelegene WLAN-Zugänge oder Sendemasten enthalten können.

o **Eindeutige Applikationsnummern**
Bestimmte Dienste haben eine eindeutige Anwendungsnummer. Diese Nummer und installationsspezifische Daten, wie zum Beispiel Art des Betriebssystems oder Anwendungsnummer der Version, werden möglicherweise bei der Installation oder Deinstallation des entsprechenden Dienstes an Google gesendet oder wenn der Dienst zum Beispiel wegen automatischer Updates Kontakt mit unseren Servern aufnimmt.

o **Lokale Speicherung**
Gegebenenfalls erheben und speichern wir Informationen (einschließlich personenbezogene Daten) lokal auf Ihrem Gerät, indem wir Mechanismen wie beispielsweise den Webspeicher Ihres Browsers (einschließlich HTML 5) und Applikationsdaten-Caches nutzen.

o **Cookies und anonyme Kennungen**
Wir verwenden verschiedene Technologien, um Informationen zu erheben und zu speichern, wenn Sie einen Google-Dienst aufrufen, darunter auch die Versendung von einem oder mehreren Cookies oder anonymen Kennungen an Ihr Gerät. Darüber hinaus

verwenden wir Cookies und anonyme
Kennungen auch, wenn Sie mit Diensten
interagieren, die wir unseren Geschäftspartnern
anbieten, wie beispielsweise Werbedienste oder
Google-Funktionen, die auf anderen Webseiten
angezeigt werden.

Wie wir die von uns erhobenen Informationen nutzen
Wir nutzen die im Rahmen unserer Dienste erhobenen
Informationen zur Bereitstellung, zur Instandhaltung, zum
Schutz sowie zur Verbesserung dieser Dienste, zur
Entwicklung neuer Dienste und zum Schutz von Google
und unseren Nutzern.

Wir nutzen diese Informationen außerdem, um Ihnen
maßgeschneiderte Inhalte anzubieten – beispielsweise um
Ihnen relevantere Suchergebnisse und Werbung zur
Verfügung zu stellen.

Wir verwenden den von Ihnen für Ihr Google-Profil
angegebenen Namen möglicherweise für alle von uns
angebotenen Dienste, die ein Google-Konto erfordern.
Darüber hinaus ersetzen wir möglicherweise Namen, die in
der Vergangenheit mit Ihrem Google-Konto verknüpft
waren, damit Sie in all unseren Diensten einheitlich geführt
werden. Wenn andere Nutzer bereits über Ihre E-Mail-
Adresse oder andere Sie identifizierende Daten verfügen,
werden wir diesen Nutzern gegebenenfalls die öffentlich
zugänglichen Informationen Ihres Google-Profils, wie
beispielsweise Ihren Namen und Ihr Foto, anzeigen.

Wenn Sie Google kontaktieren, zeichnen wir
möglicherweise Ihre Kommunikation auf, um Ihnen bei der
Lösung etwaiger bei Ihnen auftretender Probleme behilflich
zu sein. Mitteilungen zu Ihrer Nutzung unserer Dienste,
einschließlich Mitteilungen zu anstehenden Veränderungen
oder Verbesserungen übermitteln wir Ihnen gegebenenfalls
unter Verwendung Ihrer E-Mail-Adresse.

Mithilfe von Daten, die über Cookies und andere Technologien wie beispielsweise Pixel-Tags erfasst werden, verbessern wir Ihrer Nutzererfahrung und die Qualität unserer Dienste insgesamt. Die Speicherung Ihrer bevorzugten Spracheinstellung ermöglicht es uns beispielsweise, unsere Dienste in der von Ihnen bevorzugten Sprache anzuzeigen. Wenn wir Ihnen auf Sie zugeschnittene Werbung anzeigen, werden wir Cookies oder eine anonyme Kennung nicht mit sensiblen Kategorien, beispielsweise basierend auf Rasse, Religion, sexuelle Orientierung oder Gesundheit, verknüpfen.

Unter Umständen verknüpfen wir personenbezogene Daten aus einem Dienst mit Informationen und personenbezogenen Daten aus anderen Google-Diensten. Dadurch vereinfachen wir Ihnen beispielsweise das Teilen von Inhalten mit Freunden und Bekannten. Wir werden keine Informationen von DoubleClick-Cookies mit personenbezogenen Daten verknüpfen, es sei denn, wir haben diesbezüglich Ihre ausdrückliche Einwilligung erhalten.

Bevor wir Informationen zu anderen als den in dieser Datenschutzerklärung aufgeführten Zwecken nutzen, werden wir Sie um Ihre Einwilligung bitten.

Google verarbeitet personenbezogene Daten auf unseren Servern, die sich in zahlreichen Ländern auf der ganzen Welt befinden. Daher verarbeiten wir Ihre personenbezogenen Daten gegebenenfalls auf einem Server, der sich außerhalb des Landes befindet, in dem Sie leben.

Transparenz und Wahlmöglichkeit
Jeder hat unterschiedliche Bedenken im Hinblick auf den Datenschutz. Unser Ziel ist, Klarheit darüber zu schaffen, welche Informationen wir erheben, damit Sie sinnvolle Entscheidungen über deren Verwendung treffen können. Sie können beispielsweise:

- Durch Nutzung des Google-Dashboards bestimmte Arten von Informationen, die mit Ihrem Google-Konto verknüpft sind, überprüfen und verwalten.
- Mithilfe der Anzeigeneinstellungen können Sie Ihre Anzeigenvorgaben für Werbung überprüfen und bearbeiten, wie beispielsweise die Kategorien, die Sie möglicherweise interessieren. Hier können Sie auch bestimmte Google-Werbedienste deaktivieren.
- Durch Nutzung unseres Editors Ihr Google-Profil aufrufen und dessen Darstellung gegenüber bestimmten Personen anpassen.
- Kontrollieren, mit wem Sie Informationen teilen.
- Informationen aus vielen unserer Dienste exportieren.

Sie können Ihren Browser auch so einstellen, dass alle, einschließlich der mit unseren Diensten verknüpften Cookies blockiert werden, oder dass eine Meldung angezeigt wird, sobald ein Cookie von uns gesetzt wird. Es ist jedoch wichtig zu bedenken, dass viele unserer Dienste möglicherweise nicht ordnungsgemäß funktionieren, wenn Ihre Cookies deaktiviert sind. Wir können dann beispielsweise Ihre bevorzugte Spracheinstellung nicht vermerken.

Informationen, die Sie anderen mitteilen

Viele unserer Dienste erlauben es Ihnen, Informationen mit anderen zu teilen. Bedenken Sie, wenn Sie Informationen öffentlich mitteilen, dass diese Informationen gegebenenfalls von Suchmaschinen, einschließlich Google, indexiert werden. Unsere Dienste bieten Ihnen verschiedene Möglichkeiten, Ihre Inhalte zu teilen und zu entfernen.

Zugriff auf und Aktualisierung Ihrer personenbezogenen Daten

Wann auch immer Sie unsere Dienste nutzen, sind wir bestrebt, Ihnen Zugriff auf Ihre personenbezogenen Daten zu gewähren. Sollten diese Daten fehlerhaft sein, bemühen wir uns darum, Ihnen Möglichkeiten zu eröffnen, diese schnell zu aktualisieren oder zu entfernen – es sei denn, wir müssen diese Daten zu berechtigten geschäftlichen oder rechtlichen Zwecken aufbewahren. Im Falle der Aktualisierung Ihrer personenbezogenen Daten verlangen wir möglicherweise einen Nachweis Ihrer Identität, bevor wir Ihre Anfrage umsetzen.

Wir lehnen gegebenenfalls Anfragen ab, die unangemessen oft wiederholt werden, die einen unverhältnismäßigen technischen Aufwand erfordern (beispielsweise die Entwicklung eines neuen Systems oder die grundlegende Änderung einer bestehenden Praxis), die den Schutz personenbezogener Daten Dritter gefährden oder die nur mit extremen Schwierigkeiten praktisch umsetzbar sind (beispielsweise Anfragen zu Daten, die sich auf Sicherungskopien befinden).

Sofern wir den Zugriff auf und die Berichtigung von Daten gewähren können, erfolgt dies grundsätzlich kostenlos, außer in Fällen, in denen dies einen unverhältnismäßigen Aufwand erfordern würde.

Wir sind bestrebt, unsere Dienste auf eine Art und Weise bereitzustellen, durch die die Daten vor zufälliger oder mutwilliger Zerstörung geschützt sind. Aus diesem Grund löschen wir möglicherweise verbliebene Vervielfältigungsstücke von Daten, die Sie aus unseren Diensten gelöscht haben, nicht sofort von unseren aktiven Servern und entfernen diese Daten nicht von unseren Sicherungssystemen.

Von uns weitergegebene Informationen
Wir geben keine personenbezogenen Daten an Unternehmen, Organisationen oder Personen außerhalb von Google weiter, außer in einem der folgenden Umstände:

- **Mit Ihrer Einwilligung**
  Wir geben personenbezogene Daten an Unternehmen, Organisationen oder Personen außerhalb von Google weiter, wenn wir hierfür Ihre Einwilligung erhalten haben. Für die Weitergabe jeglicher sensibler Kategorien von personenbezogenen Daten benötigen wir Ihre ausdrückliche Einwilligung.

- **Im Falle von Domain-Administratoren**
  Wird Ihr Google-Konto für Sie von einem Domain-Administrator verwaltet (beispielsweise im Falle von Nutzern von Google-Apps), so haben der Domain-Administrator und die Vertriebspartner, die die Kundenbetreuung für Ihre Organisation erbringen, Zugriff auf die Informationen Ihres Google-Kontos (einschließlich Ihrer E-Mails und anderer Daten). Ihr Domain-Administrator verfügt gegebenenfalls über die Möglichkeit:
  - Statistiken betreffend Ihr Konto, wie zum Beispiel Statistiken über die von Ihnen installierten Applikationen, einzusehen.
  - das Passwort für Ihr Konto zu ändern.
  - den Zugriff auf Ihr Konto zu sperren oder zu beenden
  - auf Daten, die als Teil Ihres Kontos gespeichert sind, zuzugreifen oder diese zu speichern.
  - Daten Ihres Kontos zu erhalten, um anwendbare Gesetze, Regelungen oder anwendbares Verfahrensrecht einzuhalten oder einer vollstreckbaren behördlichen Anordnung nachzukommen.
  - Ihre Möglichkeiten einzuschränken, Daten oder Datenschutzeinstellungen zu löschen oder zu bearbeiten.

Weitere Informationen entnehmen Sie bitte der Datenschutzerklärung Ihres Domain-Administrators.

- **Für die Verarbeitung durch andere Stellen**
  Wir stellen personenbezogene Daten unseren
  verbundenen Unternehmen, anderen
  vertrauenswürdigen Unternehmen oder Personen zur
  Verfügung, die diese in unserem Auftrag verarbeiten,
  auf Grundlage unserer Weisungen und in
  Übereinstimmung mit unserer Datenschutzerklärung
  sowie anderen angemessenen Vertraulichkeits- und
  Sicherheitsmaßnahmen.

- **Aus rechtlichen Gründen**
  Wir werden personenbezogene Daten an Unternehmen,
  Organisationen oder Personen außerhalb von Google
  weitergeben, wenn wir nach Treu und Glauben davon
  ausgehen dürfen, dass der Zugriff auf diese Daten oder
  ihre Nutzung, Aufbewahrung oder Weitergabe
  vernünftigerweise notwendig ist, um

  - anwendbare Gesetze, Regelungen, oder
  anwendbares Verfahrensrecht einzuhalten   oder einer
  vollstreckbaren behördlichen Anordnung nachzukommen.

  - geltende Nutzungsbedingungen durchzusetzen,
  einschließlich der Untersuchung möglicher Verstöße.

  - Betrug, Sicherheitsmängel oder technische
  Probleme aufzudecken, zu verhindern oder
      anderweitig zu bekämpfen.

  - die Rechte, das Eigentum oder die Sicherheit von
  Google, unserer Nutzer oder der   Öffentlichkeit vor
  Schaden zu schützen, soweit gesetzlich zulässig oder
  erforderlich.

Wir geben möglicherweise zusammengefasste, nicht-
personenbezogene Daten an die Öffentlichkeit und unsere
Partner – wie beispielsweise Verlage, Werbeunternehmen
oder verbundene Webseiten – weiter. Beispielsweise

veröffentlichen wir Informationen, um Trends betreffend
die allgemeine Nutzung unserer Dienste aufzuzeigen.

Falls Google an einem Unternehmenszusammenschluss,
einem Unternehmenserwerb oder einem Verkauf von
Vermögensgegenständen beteiligt ist, werden wir weiterhin
dafür sorgen, die Vertraulichkeit jeglicher
personenbezogener Daten sicherzustellen und wir werden
betroffene Nutzer benachrichtigen, bevor
personenbezogene Daten übermittelt oder Gegenstand
einer anderen Datenschutzerklärung werden.

Datensicherheit

Wir bemühen uns intensiv darum, Google und unsere
Nutzer vor unbefugtem Zugriff auf oder vor unbefugter
Veränderung, Weitergabe oder Zerstörung von Daten zu
schützen. Insbesondere:

- verschlüsseln wir viele unserer Dienste unter Nutzung
  von SSL.
- bieten wir Ihnen beim Zugriff auf Ihr Google-Konto
  ein zweistufiges Bestätigungsverfahren sowie eine Safe-
  Browsing-Funktion bei Google Chrome.
- überprüfen wir unsere Praktiken zur Erhebung,
  Speicherung und Verarbeitung, einschließlich der
  physischen Sicherheitsmaßnahmen, zum Schutz vor
  unbefugtem Zugriff auf Systeme.
- beschränken wir den Zugriff auf personenbezogene
  Daten auf Mitarbeiter und Auftragnehmer von Google,
  die die Daten zwingend kennen müssen, um diese
  Daten für uns zu verarbeiten, und die strengen
  Vertraulichkeitsverpflichtungen unterworfen sind und
  disziplinarischen Maßnahmen unterzogen oder
  gekündigt werden können, falls sie diese
  Verpflichtungen nicht einhalten.

Anwendungsbereich

Unsere Datenschutzerklärung gilt für alle Dienste, die von

Google Inc. und den verbundenen Unternehmen angeboten werden, einschließlich Dienste, die auf anderen Webseiten angeboten werden (wie beispielsweise unsere Werbedienste). Diese Datenschutzerklärung gilt nicht für Dienste, für die gesonderte Datenschutzerklärungen gelten, die die vorliegende Datenschutzerklärung nicht einbeziehen.

Unsere Datenschutzerklärung gilt nicht für Dienste, die von anderen Unternehmen oder Personen angeboten werden, einschließlich Produkte oder Webseiten, die Ihnen in Suchergebnissen angezeigt werden, Webseiten, die möglicherweise Google-Dienste beinhalten, oder andere mit unseren Diensten verlinkte Webseiten. Unsere Datenschutzerklärung umfasst nicht den Umgang mit Informationen durch andere Unternehmen oder Organisationen, die unsere Dienste bewerben und gegebenenfalls Cookies, Pixel-Tags und andere Technologien verwenden, um relevante Anzeigen zur Verfügung zu stellen und anzubieten.

Durchsetzung
Wir überprüfen die Einhaltung unserer Datenschutzerklärung regelmäßig. Wir halten darüber hinaus mehrere Selbstverpflichtungsregularien ein. Sobald wir formale schriftliche Beschwerden erhalten, werden wir mit der Person, die die Beschwerde eingereicht hat, zum Zwecke der Nachverfolgung der Beschwerde Kontakt aufnehmen. Wir arbeiten mit den geeigneten regulatorischen Behörden zusammen, einschließlich den lokalen Datenschutzbehörden, um jeglichen Beschwerden betreffend die Übermittlung von personenbezogenen Daten abzuhelfen, die wir nicht unmittelbar mit unseren Nutzern klären können.

Änderungen
Unsere Datenschutzerklärung kann sich von Zeit zu Zeit ändern. Wir werden Ihre Rechte nach dieser Datenschutzerklärung nicht ohne Ihre ausdrückliche Einwilligung einschränken. Alle Änderungen der

Anlage 5 - Datenschutzerklärung

Datenschutzerklärung werden von uns auf dieser Seite veröffentlicht werden. Falls die Änderungen wesentlich sein sollten, werden wir eine noch deutlichere Benachrichtigung zur Verfügung stellen (einschließlich, im Falle bestimmter Dienste, einer Benachrichtigung per E-Mail über die Änderungen der Datenschutzerklärung).

Außerdem werden wir ältere Versionen dieser Datenschutzerklärung zu Ihrer Einsicht in einem Archiv aufbewahren.

Produktspezifische Praktiken
Die folgenden Hinweise erläutern gesonderte Datenschutzpraktiken im Zusammenhang mit bestimmten Google-Produkten und Diensten, die Sie möglicherweise nutzen:

- Chrome und Chrome OS
- Books
- Wallet
- Fiber

Anlage 6

Abgerufen von URL:

http://www.google.de/policies/terms/regional.html

Abgerufen am: 22. September 2013, 15:00 Uhr

Datenschutzhinweise für Google Wallet

Zuletzt geändert am 1. August 2012

In der Google-Datenschutzerklärung wird erläutert, wie Google mit persönlichen Informationen umgeht, wenn Sie Produkte und Dienste von Google in Anspruch nehmen. "Google Wallet" ist ein Produkt, das wir Google-Kontoinhabern anbieten. Dementsprechend unterliegt Ihre Nutzung von Google Wallet der Google-Datenschutzerklärung. Zusätzlich gelten speziell für Google Wallet die folgenden Informationen zum Umgang mit dem Datenschutz.

Google Wallet ist ein Zahlungsdienst von Google, der von Google Inc. sowie seinen hundertprozentigen Tochtergesellschaften bereitgestellt wird. Für Nutzer in den USA ist dies die Google Payment Corporation ("GPC"). Für Nutzer im europäischen Wirtschaftsraum ("EWR") ist dies Google Payment Limited ("GPL") mit Sitz in Großbritannien. Weitere Informationen dazu, welche Tochtergesellschaft den Dienst in Ländern außerhalb der USA und des EWR anbietet, finden Sie in den Google Wallet-Nutzungsbedingungen, die vom Dienst aus aufgerufen werden können.

Ihre Nutzung von Google Wallet unterliegt den Google Wallet-Nutzungsbedingungen. In diesen Nutzungsbedingungen finden Sie ausführliche Informationen über die einzelnen Dienste von Google Wallet. Feststehende Begriffe, die in diesen Datenschutzhinweisen für Google Wallet nicht definiert werden, haben die in den Nutzungsbedingungen festgelegte Bedeutung.

Von uns erhobene Informationen
Neben den in der Google-Datenschutzerklärung aufgeführten Daten kann Google auch die folgende Informationen erheben:

- **Registrierungsinformationen:** Bei der Registrierung bei Google Wallet erstellen Sie ein Google Wallet-Konto, das mit Ihrem Google-Konto verknüpft ist. Je nachdem, welche Google Wallet-Dienste Sie nutzen, werden Sie unter Umständen neben den in der Google-Datenschutzerklärung aufgeführten Informationen auch um die Angabe folgender Daten gebeten: Kredit- oder Debitkartennummer mit Ablaufdatum, Bankverbindung mit Ablaufdatum, Adresse, Geburtsdatum, die letzten vier Stellen Ihrer Sozialversicherungsnummer und, speziell bei Verkäufern oder Unternehmen, Ihre Unternehmenskategorie sowie bestimmte Informationen zu Ihrem Umsatz- oder Transaktionsvolumen. Bei Diensten, die eine zusätzliche Kunden- oder Verkäuferidentifikation erfordern, werden Sie möglicherweise auch gebeten, Ihre vollständige Sozialversicherungs- oder Steuernummer bzw. eine andere offiziell gültige persönliche Identifikationsnummer anzugeben. In einigen Fällen können wir Sie auch bitten, uns weitere Informationen zu senden oder zusätzliche Fragen zu beantworten. Diese Informationen benötigen wir zur Überprüfung Ihrer Informationen. Wenn Sie ein Konto für die Abrechnung über den Mobilfunkanbieter einrichten möchten, benötigen wir Ihre Mobiltelefonnummer mit dem zugehörigen Namen und der zugehörigen Rechnungsadresse.

- **Informationen, die Google von Drittanbietern erhält:** Wir können von externen

Verifizierungsdiensten oder über Google Wallet-Transaktionen an Händlerstandorten Informationen über Sie erhalten. Darüber hinaus können wir Informationen bezüglich Ihrer Nutzung von von Dritten angebotenen Zahlungsmethoden, die mit dem Google Wallet-Konto verknüpft sind, sowie Informationen über den Zugriff auf Ihren Google Wallet-Kontostand und Informationen vom Mobilfunkanbieter im Zusammenhang mit der Abrechnung über den Mobilfunkanbieter sammeln.

Sind Sie Verkäufer, holen wir unter Umständen auch Informationen über Sie und Ihr Unternehmen von Kreditbüros oder Informationsdiensten ein.

- **Transaktionsinformationen:** Bei jeder Transaktion über Google Wallet können Informationen zur Transaktion von uns erhoben werden. Hierzu gehören das Datum, die Uhrzeit und der Betrag der Transaktion, eine vom Verkäufer bereitgestellte Beschreibung der angebotenen Waren oder Dienste, Fotos, die Sie der Transaktion beigefügt haben, die Namen und E-Mail-Adressen des Verkäufers und Käufers bzw. des Auftraggebers und des Empfängers, die verwendete Zahlungsmethode, Ihre Beschreibung für den Grund der Transaktion sowie gegebenenfalls das mit der Transaktion verbundene Angebot.

Nutzung der erhobenen Daten
Neben der in der Google-Datenschutzerklärung erläuterten Nutzung verwenden wir die von Ihnen angegebenen Informationen sowie die Informationen über Sie, die wir von Drittanbietern erhalten, auch dazu, Ihnen Google Wallet-Dienste bereitzustellen und Sie vor Betrug, Phishing oder anderem unerwünschten Verhalten zu schützen. Diese Informationen können auch von Drittanbietern genutzt werden, um Ihnen Produkte oder Dienste bereitzustellen, die Sie bei den Anbietern angefordert haben.

Ihre Registrierungsdaten werden in Ihrem Google-Konto hinterlegt. Ihre registrierte Zahlungsmethode wird auf den Servern von Google gespeichert. Darüber hinaus können bestimmte Daten auch in verschlüsselter Form auf Ihrem Mobilgerät gespeichert werden.

Nutzung von Google Wallet mit Drittanbietern
Wir tragen keine Verantwortung dafür, welchen Händlern oder sonstigen Drittanbietern Sie über Google Wallet Informationen mitteilen. Hierzu gehören auch Google Wallet-Dienste von Drittanbietern, bei denen Sie sich direkt registrieren und auf die Sie über Google Wallet zugreifen. Der Erhalt, die Nutzung und die Offenlegung Ihrer persönlichen Daten durch einen Drittanbieter unterliegen den Datenschutzbestimmungen, den Datensicherheitsrichtlinien und den Nutzungsbedingungen des jeweiligen Drittanbieters. Die Datenschutzhinweise für Google Wallet gelten nicht für Ihre Nutzung von Google Wallet mit Drittanbietern und damit zusammenhängende Datennutzungen oder -offenlegungen durch diese Drittanbieter.

Von uns weitergegebene Informationen
Wir geben Ihre persönlichen Informationen nur unter folgenden Bedingungen an andere Unternehmen oder externe Personen weiter:

- Wenn dies im Rahmen der Google-Datenschutzerklärung zulässig ist
- Falls dies zur Bearbeitung Ihrer Transaktion und zur Verwaltung Ihres Kontos erforderlich ist
- Wenn dies für Ihre Registrierung bei einem Drittanbieterdienst erforderlich ist

Datensicherheit
Weitere Informationen zu unseren Sicherheitsmaßnahmen finden Sie in der allgemeinen Google-Datenschutzerklärung.

Für die Sicherheit Ihres Google Wallet-Kontos ist es erforderlich, dass Sie das Passwort vertraulich behandeln. Sobald Sie Ihre Kontoinformationen an Dritte weitergeben, haben diese Zugriff auf Ihr Konto und Ihre persönlichen Informationen.

Es liegt in Ihrer Verantwortung, den Zugriff auf Ihr Mobilgerät und die Google Wallet-App auf Ihrem Gerät zu kontrollieren. Hierzu gehört auch, Ihre PIN vertraulich zu behandeln und sie an niemanden weiterzugeben. Sie sind ebenfalls dafür verantwortlich, Google oder den betreffenden Partner zu informieren, wenn Sie den Verdacht haben, dass unbefugt auf die Informationen in der Google Wallet-App zugegriffen wurde.

Gemeinsame Nutzung von Informationen durch angegliederte Unternehmen
Die von uns erhobenen Daten, einschließlich der von Dritten eingeholten Informationen, werden von GPC und seinen angegliederten Unternehmen (einschließlich Google Inc.) verwendet, um die Bereitstellung des Dienstes zu gewährleisten. Weder GPC noch seine angegliederten Unternehmen geben Ihre Informationen an Außenstehende weiter. Ausgenommen sind die in den Datenschutzhinweisen genannten Bedingungen.

Sie haben das Recht, die gemeinsame Nutzung von Informationen durch GPC an seine angegliederten Unternehmen abzulehnen. Dieses Ablehnungsrecht gilt insbesondere für

- den Austausch von persönlichen Informationen über Ihre Kreditwürdigkeit zwischen GPC und seinen angegliederten Unternehmen sowie
- den Austausch von Informationen über Sie zwischen GPC und seinen angegliederten Unternehmen, damit diese Ihnen gegenüber Produkte vermarkten können.

Außer wie in den vorliegenden Datenschutzhinweisen beschrieben geben wir Ihre persönlichen Informationen an niemanden außerhalb von GPC oder seinen angegliederten Unternehmen weiter. Wie oben erwähnt ist Google Wallet ein Produkt, das wir Google-Kontoinhabern anbieten. Daten, die Sie Google Inc. zum Zweck der Registrierung eines Google-Kontos bereitstellen, sind von den Ablehnungsbestimmungen in diesen Hinweisen nicht betroffen.

Wenn Sie nicht möchten, dass zwischen GPC und seinen angegliederten Unternehmen persönliche Informationen über Ihre Kreditwürdigkeit ausgetauscht werden, klicken Sie hier.

Wenn Sie nicht möchten, dass zwischen GPC und seinen angegliederten Unternehmen Informationen über Sie ausgetauscht werden, damit diese Ihnen gegenüber Produkte vermarkten können, klicken Sie hier.

Anlage 7

Die nachfolgende Abbildung veranschaulicht den Aufbau und die Verzahnung der verschiedenen Komponenten der Google-AGB, die für den Verkauf von Android-Apps über Google Play in Deutschland Anwendung finden.

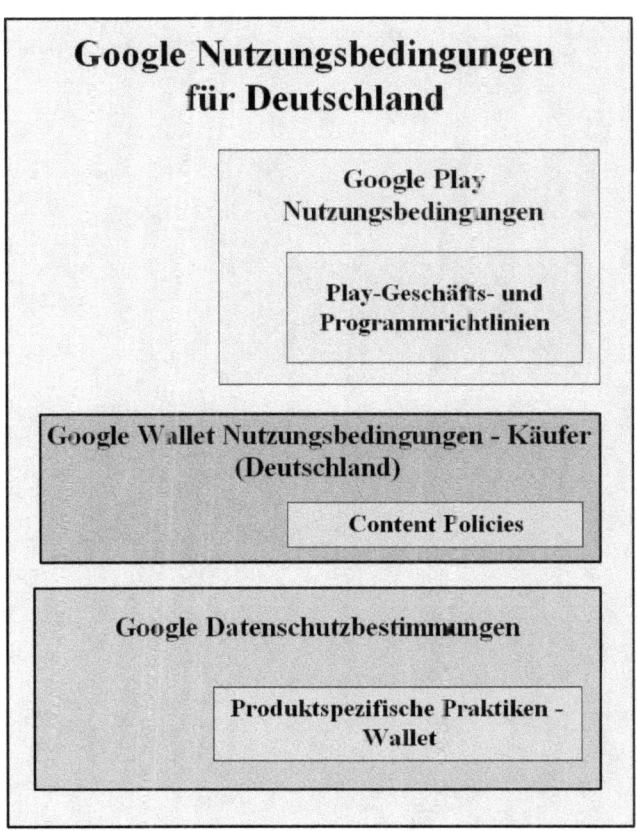

Abbildung 1

Anlage 8

Anwendbare Komponenten der Google-AGB in den einzelnen Schritten des Kaufs einer Android-App durch einen Verbraucher in Deutschland

Die verschachtelte Struktur der Google-AGB führt dazu, dass in unterschiedlichen Situationen der Google Play Nutzung, verschiedene Konstellationen von Allgemeinen Geschäftsbedingungen Anwendung finden. Die nachfolgende Übersicht verdeutlicht, welche Google-AGB-Komponenten, wann zum Tragen kommen, wenn ein Verbraucher eine Android-App über Google Play bezieht.

Anlage 8 – Datenschutzhinweise für Google Wallet

Situation	Anwendbare Kombination der Google-AGB
Eröffnung eines Google-Kontos	• Google Nutzungsbedingungen • Google Datenschutzbestimmungen • u. U. Google Wallet Nutzungsbedingungen – Käufer • u. U. Produktspezifische Praktiken (Datenschutz) Wallet
Aufruf und Verwendung des Google Play Marktplatzes	• Google Nutzungsbedingungen • Google Datenschutzbestimmungen • Google Play Nutzungsbedingungen
Kauf einer Android-App	• Google Nutzungsbedingungen • Google Datenschutzbestimmungen • Google Play Nutzungsbedingungen • Google Wallet Nutzungsbedingungen – Käufer • Produktspezifische Praktiken (Datenschutz) Wallet
Verwenden einer Android-App[59]	• Google Nutzungsbedingungen • Google Datenschutzbestimmungen • Google Play Nutzungsbedingungen • Google Play Geschäfts- und Programmbedingungen

Abbildung 2

---

[59] Zusätzlich zu den Google-AGB finden u. U. auch die AGB des jeweiligen App-Herrstellers Anwendung.

Anlage 9

Ergebnis der Suche nach dem Begriff
„Zugriffsbeschränkung für Geräte" in der allgemeinen
Google Play Hilfe

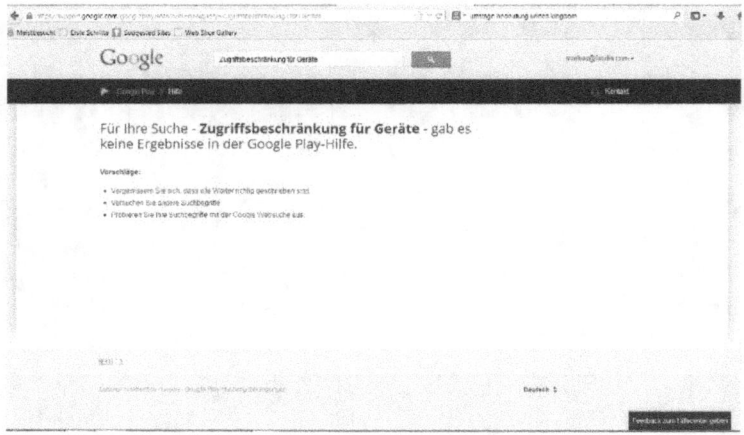

Abbildung 3

Anlage 10

In diesem Anlage sind jene 22 Vertragsklauseln der Google-AGB aufgelistet, die das LG Berlin[60] in seinem Urteil vom 19. November 2013 für unwirksam befunden hat.

10.1   AGB-Komponente: *Google Nutzungsbedingungen*

VERTRAGSKLAUSEL: Wir können die Bereitstellung unserer Dienste an Sie aussetzen oder einstellen, wenn Sie gegen unsere Nutzungsbedingungen oder Richtlinien verstoßen oder wenn wir ein mutmaßliches Fehlverhalten untersuchen.

Verstoß gegen: §§307 I i.V.m. II Nr.1, 314 II BGB

10.2   AGB-Komponente: *Google Nutzungsbedingungen*

VERTRAGSKLAUSEL: Wir behalten uns das Recht vor, Inhalte auf ihre Rechtswidrigkeit oder auf die Verletzung von Richtlinien hin zu prüfen. Wir können Inhalte entfernen oder deren Darstellung ablehnen, wenn wir berechtigterweise davon ausgehen können, dass sie gegen unsere Richtlinien oder geltendes Recht verstoßen.

Verstoß gegen: §§307 I i.V.m. II Nr.1, 242 BGB §§11ff UrhG

---

[60] Landgerichts Berlin, Urteil vom 19. November 2013, 15 O 402/12.

10.3   AGB-Komponente: *Google Nutzungsbedingungen*

VERTRAGSKLAUSEL: Wir verändern und optimieren unsere Dienste fortlaufend. So können wir unter Berücksichtigung der jeweiligen Interessen beispielsweise Funktionen oder Features hinzufügen oder entfernen oder zusätzliche oder neue Beschränkungen für unsere Dienste einführen. Sie können die Nutzung unserer Dienste jederzeit beenden, auch wenn wir dies bedauern würden. Ihre Daten gehören Ihnen und wir halten es für wichtig, dass Sie auf diese Daten zugreifen können. Sollten wir einen Dienst einstellen, werden wir, sofern vernünftigerweise möglich, Sie im Voraus darüber informieren und Ihnen unter Berücksichtigung der jeweiligen Interessen die Möglichkeit und ausreichend Zeit geben, Ihre Daten aus diesem Dienst zu exportieren.

Verstoß gegen: §§308 Nr. 4, 307 I BGB

10.4   AGB-Komponente: *Google Nutzungsbedingungen*

VERTRAGSKLAUSEL: Google kann diese Nutzungsbedingungen oder etwaige zusätzliche Bedingungen für einen jeweiligen Dienst in zumutbarer Weise anpassen, um beispielsweise Änderungen der rechtlichen Rahmenbedingungen oder Änderungen unserer Dienste zu berücksichtigen. Sie sollten diese Nutzungsbedingungen daher regelmäßig überprüfen. Wir werden Hinweise auf Änderungen dieser Nutzungsbedingungen auf dieser Seite veröffentlichen. Hinweise auf Änderungen an zusätzlichen Bedingungen werden wir innerhalb des betreffenden Dienstes veröffentlichen. Änderungen gelten nicht rückwirkend und werden frühestens 14 Tage nach ihrer Veröffentlichung wirksam.

Verstoß gegen: §§308 Nr. 4, 307 I i.V.m. II Nr. 2, 305 II BGB

10.5 AGB-Komponente: *Google Nutzungsbedingungen*

VERTRAGSKLAUSEL: Änderungen hinsichtlich einer neuen Funktion für einen Dienst oder Änderungen aus rechtlichen Gründen sind jedoch sofort wirksam. Wenn Sie den geänderten Nutzungsbedingungen eines Dienstes nicht zustimmen, müssen Sie die Nutzung dieses Dienstes einstellen.

Verstoß gegen: §§ §08 Nr. 4, 307 I i.V.M. Nr. 2, 305 II BGB

10.6 AGB-Komponente: *Google Nutzungsbedingungen*

VERTRAGSKLAUSEL: Im Fall eines Widerspruchs zwischen diesen Nutzungsbedingungen und zusätzlichen Bedingungen haben die zusätzlichen Bedingungen im Einzelfall Vorrang.

Verstoß gegen: §§307 I i.V.m. II Nr. 1, 306 BGB

10.7 AGB-Komponente: *Google Play - Geschäfts- und
Programmrichtlinien*

VERTRAGSKLAUSEL 1. Einführung
Google Play ("Google Play") ist Eigentum von Google Inc.
und wird von diesem Unternehmen betrieben. Ihre
Verwendung von Google Play unterliegt Ihrer Zustimmung
zu den nachfolgend dargelegten Richtlinien. Diese können
von Zeit zu Zeit aktualisiert werden.

Verstoß gegen: §§307 I i.V.m. II Nr. 1, 308 Nr. 4 BGB

10.8 AGB-Komponente: *Google Play - Geschäfts- und
Programmrichtlinien*

VERTRAGSKLAUSEL: Entfernung von Produkten: Unter
Umständen kann Google feststellen, dass ein Produkt in
Google Play gegen den Entwickler-Distributionsvertrag von
Google Play oder gegen sonstige Rechtsverträge, Gesetze,
Bestimmungen oder Richtlinien verstößt. In solchen Fällen
behält sich Google das Recht vor, die entsprechenden Apps
nach eigenem Ermessen per Remotezugriff von Ihrem
Gerät zu entfernen.

Verstoß gegen: §307 I BGB

10.9   AGB-Komponente: *Google Play - Geschäfts- und Programmrichtlinien*

VERTRAGSKLAUSEL: Diese Richtlinien können jederzeit geändert werden, Sie sollten sie also gelegentlich überprüfen.

Verstoß gegen: §307 I i.V.m. II Nr. 1, 308 Nr. 4 BGB

10.10   AGB-Komponente: *Datenschutzerklärung*

VERTRAGSKLAUSEL:

• Informationen, die wir aufgrund Ihrer Nutzung unserer Dienste erhalten:

Wir erfassen möglicherweise Informationen über die von Ihnen genutzten Dienste und die Art und Weise, wie Sie diese nutzen, beispielsweise wenn Sie eine Website besuchen, auf der unsere Werbedienste verwendet werden oder wenn Sie unsere Werbung und unsere Inhalte ansehen und damit interagieren.

Verstoß gegen: §§307 I i.V.m. II Nr. 1 BGB, §§ 12,13 TMG, 4, 4a BDSG

10.11   AGB-Komponente: *Datenschutzerklärung*

VERTRAGSKLAUSEL:

o   Gerätebezogene Informationen
Wir erfassen möglicherweise gerätespezifische Informationen (beispielsweise das von Ihnen verwendete Hardware-Modell, die Version des Betriebssystems,

eindeutige Gerätekennzungen und Informationen über
mobile Netzwerke, einschließlich Ihrer Telefonnummer).
Google verknüpft Ihre Gerätekennungen oder
Telefonnummer gegebenenfalls mit Ihrem Google-Konto.

Verstoß gegen: §§307 I i.V.m. II Nr. 1 BGB, §§ 12,13 ,15
TMG, 4, 4a BDSG

10.12   AGB-Komponente: *Datenschutzerklärung*

VERTRAGSKLAUSEL:
o   Standortbezogene Informationen
Bei der Nutzung standortbezogener Google-Dienste
erheben und verarbeiten wir möglicherweise Informationen
über Ihren tatsächlichen Standort, wie zum Beispiel die von
einem Mobilfunkgerät gesendeten GPS-Signale. Darüber
hinaus verwenden wir zur Standortbestimmung
verschiedene Technologien, wie zum Beispiel Sensordaten
Ihres Geräts, die beispielsweise Informationen über
nahegelegene WLAN-Zugänge oder Sendemasten enthalten
können.

Verstoß gegen: §§307 I i.V.m. II Nr. 1 BGB, §§ 12,13 ,15
TMG, 4, 4a BDSG,
98 TKG

10.13   AGB-Komponente: *Datenschutzerklärung*

VERTRAGSKLAUSEL:
o   Lokale Speicherung

Gegebenenfalls erheben und speichern wir Informationen (einschließlich personenbezogene Daten) lokal auf Ihrem Gerät, indem wir Mechanismen wie beispielsweise den Webspeicher Ihres Browsers (einschließlich HTML 5) und Applikationsdaten-Caches nutzen.

Verstoß gegen: §§307 I i.V.m. II Nr. 1 BGB, §§12,13 ,15 TMG, 4, 4a BDSG

10.14   AGB-Komponente: *Datenschutzerklärung*

VERTRAGSKLAUSEL:

o   Cookies und anonyme Kennungen
Wir verwenden verschiedene Technologien, um Informationen zu erheben und zu speichern, wenn Sie einen Google-Dienst aufrufen, darunter auch die Versendung von einem oder mehreren Cookies oder anonymen Kennungen an Ihr Gerät. Darüber hinaus verwenden wir Cookies und anonyme Kennungen auch, wenn Sie mit Diensten interagieren, die wir unseren Geschäftspartnern anbieten, wie beispielsweise Werbedienste oder Google-Funktionen, die auf anderen Webseiten angezeigt werden.

Verstoß gegen: §§307 I i.V.m. II Nr. 1 BGB, §§12 ff TMG

10.15   AGB-Komponente: *Datenschutzerklärung*

VERTRAGSKLAUSEL: Wir nutzen diese Informationen außerdem, um Ihnen maßgeschneiderte Inhalte anzubieten

– beispielsweise um Ihnen relevantere Suchergebnisse und
Werbung zur Verfügung zu stellen

Verstoß gegen: §§307 I i.V.m. II Nr. 1 BGB, §§ 12 ff TMG,
§7 UWG

10.16   AGB-Komponente: *Datenschutzerklärung*

VERTRAGSKLAUSEL: Wir verwenden den von Ihnen für Ihr
Google-Profil angegebenen Namen möglicherweise für alle
von uns angebotenen Dienste, die ein Google-Konto
erfordern. Darüber hinaus ersetzen wir möglicherweise
Namen, die in der Vergangenheit mit Ihrem Google-Konto
verknüpft waren, damit Sie in all unseren Diensten
einheitlich geführt werden. Wenn andere Nutzer bereits
über Ihre E-Mail-Adresse oder andere Sie identifizierende
Daten verfügen, werden wir diesen Nutzern gegebenenfalls
die öffentlich zugänglichen Informationen Ihres Google-
Profils, wie beispielsweise Ihren Namen und Ihr Foto,
anzeigen

Verstoß gegen: §§307 I i.V.m. II Nr. 1 BGB, §§12ff TMG,
§4, 4a BDSG

10.17   AGB-Komponente: *Datenschutzerklärung*

VERTRAGSKLAUSEL: Wenn Sie Google kontaktieren,
zeichnen wir möglicherweise Ihre Kommunikation auf, um
Ihnen bei der Lösung etwaiger bei Ihnen auftretender
Probleme behilflich zu sein. Mitteilungen zu Ihrer Nutzung
unserer Dienste, einschließlich Mitteilungen zu anstehenden

Veränderungen oder Verbesserungen übermitteln wir Ihnen gegebenenfalls unter Verwendung Ihrer E-Mail-Adresse.

Verstoß gegen: §§307 I i.V.m. II Nr.1 BGB, §§12 ff TMG, Art 2 I i.V.m. Art 1 I GG

10.18   AGB-Komponente: *Datenschutzerklärung*

VERTRAGSKLAUSEL: Unter Umständen verknüpfen wir personenbezogene Daten aus einem Dienst mit Informationen und personenbezogenen Daten aus anderen Google-Diensten. Dadurch vereinfachen wir Ihnen beispielsweise das Teilen von Inhalten mit Freunden und Bekannten. Wir werden keine Informationen von DoubleClick-Cookies mit personenbezogenen Daten verknüpfen, es sei denn, wir haben diesbezüglich Ihre ausdrückliche Einwilligung erhalten.

Verstoß gegen: §§307 I i.V.m. II Nr. 1 BGB, §§12 ff TMG, 4, 4a BDSG

10.19   AGB-Komponente: *Datenschutzerklärung*

VERTRAGSKLAUSEL: Wir sind bestrebt, unsere Dienste auf eine Art und Weise bereitzustellen, durch die die Daten vor zufälliger oder mutwilliger Zerstörung geschützt sind. Aus diesem Grund löschen wir möglicherweise verbliebene Vervielfältigungsstücke von Daten, die Sie aus unseren Diensten gelöscht haben, nicht sofort von unseren aktiven Servern und entfernen diese Daten nicht von unseren Sicherungssystemen.

Verstoß gegen: §§307 I i.V.m. II Nr.1 BGB, §13 II Nr.4 i.V.m. IV TMG, § 35BDSG

10.20 AGB-Komponente: *Datenschutzerklärung*

VERTRAGSKLAUSEL

• Aus rechtlichen Gründen

Wir werden personenbezogene Daten an Unternehmen, Organisationen oder Personen außerhalb von Google weitergeben, wenn wir nach Treu und Glauben davon ausgehen dürfen, dass der Zugriff auf diese Daten oder ihre Nutzung, Aufbewahrung oder Weitergabe vernünftigerweise notwendig ist,

• um anwendbare Gesetze, Regelungen, oder anwendbares Verfahrensrecht einzuhalten oder einer vollstreckbaren behördlichen Anordnung nachzukommen..

• geltende Nutzungsbedingungen durchzusetzen, einschließlich der Untersuchung möglicher Verstöße.

• Betrug, Sicherheitsmängel oder technische Probleme aufzudecken, zu verhindern oder anderweitig zu bekämpfen.

• die Rechte, das Eigentum oder die Sicherheit von Google, unserer Nutzer oder der Öffentlichkeit vor Schaden zu schützen, soweit gesetzlich zulässig oder erforderlich

---

Verstoß gegen: §§307 I i.V.m. II Nr. 1 BGB, §12 TMG

10.21   AGB-Komponente: *Datenschutzerklärung*

> VERTRAGSKLAUSEL: Falls Google an einem Unternehmenszusammenschluss, einem Unternehmenserwerb oder einem Verkauf von Vermögensgegenständen beteiligt ist, werden wir weiterhin dafür sorgen, die Vertraulichkeit jeglicher personenbezogener Daten sicherzustellen und wir werden betroffene Nutzer benachrichtigen, bevor personenbezogene Daten übermittelt oder Gegenstand einer anderen Datenschutzerklärung werden.

Verstoß gegen: §§307 I i.V.m. II Nr. 1 BGB, §§12 ff TMG, 4, 4a BDSG

10.22   AGB-Komponente: *Datenschutzerklärung*

> VERTRAGSKLAUSEL: Unsere Datenschutzerklärung kann sich von Zeit zu Zeit ändern. Wir werden Ihre Rechte nach dieser Datenschutzerklärung nicht ohne Ihre ausdrückliche Einwilligung einschränken. Alle Änderungen der Datenschutzerklärung werden von uns auf dieser Seite veröffentlicht werden. Falls die Änderungen wesentlich sein sollten, werden wir eine noch deutlichere Benachrichtigung zur Verfügung stellen (einschließlich, im Falle bestimmter Dienste, einer Benachrichtigung per E-Mail über die Änderungen der Datenschutzerklärung).

Verstoß gegen: §§307 I i.V.m. II Nr. 1, §§12 ff TMG, 4a BDSG; §305 Nr: 2 BGB

Abbildungsverzeichnis

Abbildung 1

Aufbau und Verzahnung der Google Nutzungsbedingungen. Anlage 7.

Abbildung 2

Übersicht der jeweils anzuwendenden AGB Kombinationen. Anlage 8.

Abbildung 3

Ergebnis der Suche nach dem Begriff „Zugriffsbeschränkung für Geräte" in der allgemeinen Google Play Hilfe. Anlage 9.

Literaturverzeichnis

Fraekel, Reinhard, *Hammer,* Volker
Aufsatz Rechtliche Löschvorschriften in Zeitschrift
Datenschutz und Datensicherheit
2007, Volume 31, Ausgabe 12, Heidelberg
Abgerufen von   http://www.rafraenkel.de/cgi-
URL: bin/texte/data/77.pdf
Abgerufen am: 13. Januar 2014, 19:05

Gordon, Mary Ellen
The History of App Pricing, And Why Most Apps Are Free
Abgerufen von   http://blog.flurry.com/bid/99013/T
URL: he-History-of-App-Pricing-AndWhy-
                     Most-Apps-Are-Free
Abgerufen am: 2. Februar 2013, 23:41 Uhr

Jauernig, Prof. Dr. Dr. h.c. Othmar
Bürgerliches Gesetzbuch Kommentar
2009, 13. Auflage, München

Kirchner, Dr. Hildebert
Abkürzungsverzeichnis der Rechtssprache
2008, 6. Auflage, Berlin

Koch, Frank
Internet Recht ➜ [Koch (IR)]

2005, 2. Auflage, München

Koch, Frank A.

Computer-Vertragsrecht: umfassende Erläuterungen,
Beispiele und Musterformulare für Erwerb und Nutzung
von EDV-Systemen ➔ [Koch (CV)]
2009, 7. Auflage

Abgerufen von URL:	http://books.google.de/books?id=5F CPkLtNlw4C&pg=PA765&lpg=PA7 65
Abgerufen am:	12. Januar 2014, 23:58 Uhr

Krass, Peter

Ignorance, Confidence and Filthy Rich Friends – The
Business Adventures of Mark Twain,
2007, 1. Auflage

Abgerufen von URL:	http://books.google.de/books?id=be gn3PeHMwUC&pg=PP2&lpg=PP2 #v=onepage&q&f=false
Abgerufen am:	16.1.2014, 23:48 Uhr

Nichols, Shaun

Grace Hopper gave us COBOL, 'debugging' and
inspiration. So Google gave her a Doodle

Abgerufen von URL:	http://www.theregister.co.uk/2013/1 2/09/computing_pioneer_grace_hop

per_gets_birthday_doodle/

Abgerufen am: 2. Januar 2014, 01:21 Uhr

Palandt, Otto

Beck'scher Kurzkommentar Bürgerliches Gesetzbuch

2009, 68. Auflage, München

Scheuermann, Isabel

Internationales Zivilverfahrensrecht bei Verträgen im

Internet

2004, 1. Auflage, Tübingen

Abgerufen von
URL: http://books.google.de/books?id=hz
7aDHRaI0MC&printsec=frontcover
&dq=Scheuermann,+Isabel+Internat
ionales+Zivilverfahrensrecht+bei+V
ertr%C3%A4gen+im+Internet&hl=d
e&sa=X&ei=VifUUtOBCMfTswb6n
QE&ved=0CDUQ6AEwAA#v=one
page&q=Scheuermann%2C%20Isabe
l%20Internationales%20Zivilverfahre
nsrecht%20bei%20Vertr%C3%A4ge
n%20im%20Internet&f=false

Abgerufen am: 13. Januar 2014, 18:50

Schwab, Martin

AGB-Recht, Tipps und Taktik

2008, 1. Auflage

Abgerufen von	http://books.google.de/books?id=0p
URL:	FzYukO_tAC&pg=PA121&dq=urtei
	l+bgb+%22308+nr.+5%22+agb&hl
	=de&sa=X&ei=4i3TUvvZLtKu4QS
	kw4HYAQ&ved=0CGAQ6AEwBzg
	K#v=onepage&q=308%20nr.%205
	&f=false
Abgerufen am:	13. Januar 2014, 01:08 Uhr

Vogt, Elisabeth

Rechtsfragen beim Einsatz von Open Source Software

Datum nicht ermittelbar, aber nach 2004, Ausgabe 1,

Rostock

Abgerufen von	http://www.internetrecht-
URL:	rostock.de/open-source-recht.htm
Abgerufen am:	14. Januar 2014, 00:21

Dokumente von Google

Dokument:	*Google Nutzungsbedingungen*
Abgerufen von	http://www.google.de/policies/term
URL:	s/regional.html
Abgerufen am:	22. September 2013, 15:00 Uhr

Dokument:	*Google Play-Nutzungsbedingungen*
Abgerufen von	http://play.google.com/intl/de_de/a
URL:	bout/play-terms.html

Abgerufen am:	22. September 2013, 15:00 Uhr

Dokument:	*Google Play - Geschäfts- und Programmrichtlinien*
Abgerufen von URL:	http://play.google.com/intl/de_de/about/play-terms.html
Abgerufen am:	22. September 2013, 23:30 Uhr

Dokument:	*Google Play Verkaufsbedingungen für Geräte*
Abgerufen von URL:	http://play.google.com/intl/de_de/about/device-terms.html
Abgerufen am:	24. September 2013, 20:30 Uhr

Dokument:	*Google Wallet Nutzungsbedingungen – Käufer (Deutschland)*
Abgerufen von URL:	https://wallet.google.com/legaldocument?docId=0.buyertos/DE/3/2/und
Abgerufen am:	22. September 2013, 23:30 Uhr

Dokument:	*Google Datenschutzerklärung*
Abgerufen von URL:	http://www.google.de/policies/terms/regional.html
Abgerufen am:	22. September 2013, 15:00 Uhr

Dokument:	*Google Datenschutzhinweise für Google*

Wallet

Abgerufen von URL:	http://www.google.de/policies/term s/regional.html
Abgerufen am:	22. September 2013, 15:00 Uhr

Dokument:	*Google Payments, Content policies*
Abgerufen von URL:	https://support.google.com/payment s/answer/75724?hl=de&rd=1
Abgerufen am:	26. September 2013, 23:30 Uhr

Dokument:	*Updating our privacy policies and terms of service*
Abgerufen von URL:	http://googleblog.blcgspot.de/2012/ 01/updating-our-privacy-policies-and-terms.html
Abgerufen am:	25. September 2013, 18:00 Uhr

Literatur-Quellen, bei denen kein konkreter Autor ersichtlich ist

Dokument:	*Anzahl der Smartphone-Nutzer in Deutschland in den Jahren 2009 bis 2013 (in Millionen)*
Quelle:	Statista
Abgerufen von URL:	http://de.statista.com/statistik/daten /studie/198959/umfrage/anzahl-der-smartphonenutzer-in-deutschland-

seit-2010/

Abgerufen am:	25. September 2013, 18:00 Uhr

Dokument:	*Gartner Says Smartphone Sales Grew 46.5 Percent in Second Quarter of 2013 and Exceeded Feature Phone Sales for First Timet*
Quelle:	Gartner Inc.
Abgerufen von URL:	http://www.gartner.com/newsroom /id/2573415
Abgerufen am:	25. September 2013, 18:00 Uhr

Dokument:	*Open Source Initiative - Licenses*
Quelle:	Open Source Initiative
Abgerufen von URL:	http://opensource.org/licenses/alph abetical
Abgerufen am:	23. November 2013, 00:43 Uhr

www.ingramcontent.com/pod-product-compliance
Lightning Source LLC
Chambersburg PA
CBHW051805170526
45167CB00005B/1889

* 9 7 8 1 4 9 9 6 8 8 0 0 9 *